Taschenbücherei
Texte & Materialien

Herausgegeben von
Klaus-Ulrich Pech und Rainer Siegle

Krimi Buhl

Amelie
oder
Hilfe, nix als Brüder

mit Materialien
zusammengestellt von Birgit Hock

Ernst Klett Schulbuchverlag Leipzig
Leipzig Stuttgart Düsseldorf

Im Internet unter http://www.klett-verlag.de finden Sie zu dem Titel *Amelie oder Hilfe, nix als Brüder* einen Lektürekommentar, der methodisch-didaktische Hilfen und Anregungen enthält: Stundenplanungen, Lernzielvorschläge, Projektanregungen.

1. Auflage   A 1 ^{5} ^{4} ^{3} ^{2} | 2008   2007   2006   2005

Alle Drucke dieser Auflage können im Unterricht nebeneinander benutzt werden, sie sind untereinander unverändert. Die letzte Zahl bezeichnet das Jahr dieses Druckes.

Redaktion: Veronika Roller
Umschlaggestaltung und Layout: Sandra Schneider
Satz: Annett Semmler
Umschlagfoto: © gettyimages, München
Druck: Clausen & Bosse GmbH, Leck

ISBN 3-12-262450-8

9 783122 624507

Inhalt

Ein Gespräch kündigt sich an

»Amelie, hast du mal kurz Zeit? Ich möchte mit dir reden.«
Mama streckt ihren Kopf in mein Zimmer. Sie verdreht die
Augen, als sie die Unordnung sieht. Ich gebe zu, heute sieht es
hier noch chaotischer aus als sonst, weil ich eine passende Kos-
tümierung für meine Rolle als *Bird Woman*, als Vogelfrau, in unserem Schultheaterstück zusammenstelle. Unsere Theatergruppe wird zur Weihnachtsfeier in zwei Wochen das Musical *Mary
Poppins* aufführen und meine größte Sorge gilt im Moment der
Frage: Was zieht eine altmodische Vogelfrau an?
Zum Glück kann Oma nichts wegwerfen. Ihr riesiger Kleider-
schrank ist eine Schatztruhe. So prall gefüllt mit eleganten Klamotten, dass sie die ganze Theatertruppe ausstatten könnte.
Theaterspielen ist mein Lieblingsfach. Leider ist es kein Haupt-
fach. Wenn ich nur halb so viel Spaß an Mathe oder Vokabellernen fände wie an Theaterspielen, müsste ich jetzt kein schlech-
tes Gewissen haben.
Heute haben wir die Mathearbeit zurückbekommen. Eine Vier
minus. Und die Englisch-Ex gestern ging total daneben. Ob
Mama deshalb mit mir reden will? Ein ernstes Wort zum Thema
Schule, oje! Wie ich diese Gespräche hasse. Meine gute Stimmung
ist plötzlich wie weggeblasen. Es stimmt ja, meine Noten waren
schon besser. Was kann ich dafür, wenn die Lehrer es so genau
nehmen? Oma hat mir verraten, dass Mama in der zehnten Klasse eine Ehrenrunde gedreht hat. Also sehe ich überhaupt nicht
ein, warum ich mir alle paar Wochen Mamas Notenpredigten anhören soll.
»Ich hab jetzt keine Zeit«, sage ich und wende mich wieder dem
Spiegel zu, vor dem ich meine Rolle einübe.
»Dann eben nach dem Abendessen«, bestimmt sie und verschwindet, bevor ich etwas entgegnen kann.
Die trübe Stimmung bleibt. Soll ich ihr das mit der Englisch-Ex
verraten? Exen müssen nicht unterschrieben werden. Zumindest
diesen Ärger könnte ich mir ersparen. Aber um die Mathearbeit

werde ich nicht rumkommen. Übermorgen ist Rückgabetermin. Mit Unterschrift der Eltern. Das Rollenspiel vor dem Spiegel macht auf einmal keinen Spaß mehr. Dauernd muss ich an die Mathevier denken. Ich bin ja selbst nicht glücklich darüber. Ernste Gespräche und schlechte Laune bei Müttern ist nicht gerade das, was gestresste Schüler aufbaut.

Vielleicht sollte ich als Nächstes mein Zimmer aufräumen. Um Mama zumindest in diesem Punkt den Wind aus den Segeln zu nehmen. Sie ist in letzter Zeit sehr nörgelig. Früher hat sie sich meine Schulleistungen weniger zu Herzen genommen. Wenn ich es genau überdenke, ist sie seit Urlaubsende schwer zu ertragen. Seitdem wir von Sylt abgereist sind, wo wir die Sommerferien bei meinen Freunden Matjes und Hering und ihrem Vater Harm verbracht haben. Oma sagt, Mama habe Liebeskummer, weil sie Harm nur in den Ferien sehen könne. Sie sei hin- und hergerissen zwischen den beiden Enden Deutschlands.

Ehrlich, bei einer Mutter finde ich Liebeskummer doof. Schließlich ist sie erwachsen. Und ich kann meine Freunde auch nur in den Ferien sehen. Sie sollte sich ein Beispiel an mir nehmen. Ich bin meist gut gelaunt, obwohl ich mich mit Mathe abquälen muss. In zwei Wochen ist unsere Theateraufführung. In zwei Wochen beginnen die Weihnachtsferien und unsere Nordlichter kommen zu Besuch. Genügt das nicht, um fröhlich zu sein?

Das darf doch nicht wahr sein

Zum Abendessen bringt Oma uns ihre selbst gemachte Leberknödelsuppe rauf. Omas Leberknödelsuppe ist die beste. Mama verzieht das Gesicht und meckert, die Suppe rieche ranzig.
»Stimmt gar nicht«, tröste ich Oma, die ganz enttäuscht wieder nach unten gehen will. Arme Oma. Auch sie muss in letzter Zeit Mamas Launen ertragen. »Bleib doch noch ein bisschen bei uns«, schlage ich ihr vor, aber Mama durchschaut mich.
»Heute nicht«, wehrt sie ab. »Amelie und ich haben unter vier Augen etwas zu besprechen.« Oma zwinkert mir zu, was so viel heißt wie: Kopf hoch, Kleine! Und dann lässt sie uns allein.
»Also«, fängt Mama umständlich an, nachdem wir uns vor dem Kachelofen in unsere Lieblingssessel gekuschelt haben. »Ich will mit dir über unsere Zukunft reden.« Sie wirkt blass und nervös.
»Nimms doch nicht so tragisch«, sage ich schuldbewusst. »Die anderen in der Klasse sind auch schlechter geworden. Hanna hat sogar eine Fünf in Mathe.«
»Um die Noten gehts heute mal nicht. Ausnahmsweise. Es geht mehr um uns beide und Harm und die Jungs.«
Ich atme auf. Entwarnung. Keine Notenpredigt. »Ach so. Ich weiß schon. Du bist hin- und hergerissen zwischen den beiden Enden Deutschlands. Aber in zwei Wochen besuchen uns die Jungs. Und Harm natürlich auch«, setze ich hinzu. »Das ist doch eine Zukunft zum Freuen.«
»Ich freue mich auch. Es ist nur so … « Mama kräuselt nachdenklich die Stirn. »Also, wenn ein Paar sich lieb hat, dann … na ja, du erinnerst dich sicher daran, wie ich dir von der Liebe zwischen Mann und Frau erzählt habe. Ist zwar schon einige Jahre her, aber es hat sich seitdem nichts geändert … « Sie bricht mit einem verlegenen Räuspern ab.
Die will mich doch nicht etwa aufklären! Das muss ich abbiegen.
»Mama, bitte! Ich bin zwölf. Du hast mich ausführlich aufgeklärt, als ich noch im Kindergarten war. Später hat Papa mich aufgeklärt, als Sunny rossig wurde. Dann, in der dritten Klasse,

hat uns Frau Grill aufgeklärt, unsere Lehrerin. Und an Ostern, als uns die Jungs zum ersten Mal besucht haben, fing Oma damit an. Sie lebt allerdings hinter dem Mond. Der könnte eher ich was erzählen.«

»Na gut, dann weißt du ja Bescheid.« Mama seufzt. Es klingt aber nicht erleichtert. Irgendwas hat sie noch auf dem Herzen. Mir schwant, was ihr Sorgen bereiten könnte. »Also, wenn du dir wegen der Jungs und mir graue Haare wachsen lässt, da kann ich dich beruhigen. Wir sind dicke Freunde. Unter Freunden gibt es keine Schweinereien.«

»Liebe hat nichts mit Schweinereien zu tun«, verbessert mich Mama und wird rot. »Harm und ich zum Beispiel, also, wie soll ich sagen ... «

» ... ihr habt was miteinander. Das sieht doch jeder. Ihr küsst und umarmt euch ja dauernd. Mit den Jungs würde ich so was nie machen.«

»Dann ist es gut. Ihr seid auch Kinder. Bei Harm und mir ist es was anderes. Deshalb wollte ich mit dir reden.«

»Schon in Ordnung. Ich mach dir ja keinen Vorwurf. Du musst wissen, was du machst.« »Ja, ähm ... wir sind schließlich erwachsen. Und wir haben uns auch richtig lieb.«

»Okay. Hauptsache, du passt gut auf dich auf«, ermahne ich sie. »Wegen Aids und so.« Ich weiß Bescheid. Wir hatten nämlich neulich erst eine Projektwoche zu diesem Thema.

Mama macht eine Miene zum Gotterbarmen. Als hätte sie was ausgefressen. »Aids ist nicht das Problem«, sagt sie zögernd. »Wir haben einen Aids-Test gemacht, als ... Na ja, jedenfalls sind wir gesund. Aber ... «

» ... aber wo ist dein Problem?« Langsam nervt mich ihr Rumgedrucke. Im Fernsehen läuft jetzt meine Lieblingsserie.

»Das Problem ... ähm ... nein, es ist eigentlich kein Problem. Eher was Schönes. Nur, es wird sich einiges ändern. Weil ... nämlich ... ja, weil wir ein Baby bekommen.«

»Wie?«, flüstere ich. Ich weiß nicht, warum ich flüstere. Meine Lippen sind wie taub, lassen sich kaum bewegen.

»Was wie? Ich bin halt schwanger.« Mama versucht zu lächeln. »So ungewöhnlich ist das gar nicht. Frauen neigen nun mal zu Schwangerschaften. Andere Frauen haben auch mehrere Kinder. Bastians Mutter hat sogar vier.«
Ich starre auf diese Frau, die meine Mutter ist. Sie ist plötzlich eine Fremde. Hat ein fremdes Baby im Bauch. Ich kann es nicht fassen.
»Schau doch nicht so entsetzt drein«, sagt sie und will meine Hand nehmen. Ich schüttle sie ab.
Schau ich entsetzt aus? Wird wohl so sein. Ich starre sie noch immer an. Sie ist uralt. Im Frühjahr vierzig geworden. Harm ist sogar noch älter. Er hat kaum mehr Haare auf dem Kopf. Schande, in diesem Alter ein Baby zu bekommen. Als würden wir ihnen nicht genügen, die Jungs und ich.
»Dass Harm und ich ein Baby bekommen, ist doch etwas ganz Natürliches. Mit dir war ich auch mal schwanger, mein Schatz, und wie froh sind wir alle, dass es dich gibt.«
Ich muss schlucken. Sie vergleicht mich mit diesem fremden Kind. Wie kann sie nur! Wo ich ihr Wunschkind bin. »Mit mir, das war ja wohl auch was anderes«, presse ich hervor und dann kann ich mich nicht mehr zusammenreißen. Ich vergrabe mein Gesicht zwischen den Knien und heule los.
Mama zieht mich zu sich, aber ich wehre mich. Sie ist eine Verräterin. Lässt fremde Babys in ihrem Bauch wachsen. In dem Bauch, der eigentlich meiner ist. Jetzt ist sie gar nicht mehr richtig meine Mutter. Was soll bloß aus mir werden?
Ich stürze aus der Stube, renne die Treppe hoch. In meinem Zimmer knalle ich die Tür hinter mir zu und werfe mich aufs Bett. Ich fühle mich mutterseelenallein. Als hätte Mama mich verlassen. Das Kopfkissen wird ganz nass. Dann schlafe ich ein.

Umständehalber sauer

In den nächsten Tagen herrscht daheim Funkstille. Bei den Mahl-
zeiten bemüht sich Mama um ein heiteres Gespräch, aber ich
mache nicht mit. Sie ist eine Fremde geworden und von Fremden
soll man sich bekanntlich nicht anquatschen lassen.
Zum Glück gibt es Freundinnen, die man besuchen kann. Bei
Corinna treffen wir uns jeden Nachmittag zur Theaterprobe.
Corinna spielt den Schornsteinfeger und Jana die Gouvernante.
Sie kann fast alle Rollen auswendig, auch meine. Einfach genial.
Im Gegensatz zu den beiden bleibe ich dauernd hängen. Mein
Kopf ist ein Knäuel wirrer Gedanken, ich finde keinen Anfang
und kein Ende. Nicht einmal, wenn Jana mir das Stichwort zu-
flüstert. »Was ist bloß los mit dir, Amelie?«, motzt Corinna. »Du
bist überhaupt nicht bei der Sache.«
»Das wärst du auch nicht mit so einer Mutter wie meiner«,
rutscht es mir raus.
»Wieso, was ist mit deiner Mutter?«, wollen beide wissen.
Eigentlich wollte ich nicht darüber sprechen, weil es mir peinlich
ist. Andererseits werden sie es früher oder später sowieso erfahren. Ein dicker Bauch lässt sich irgendwann nicht mehr verheim-
lichen, fürchte ich.
»Sie kriegt ein Baby«, sage ich leise. »Süß«, kommt es von beiden
Seiten voller Rührung zurück.
»Süß, süß«, äffe ich sie nach. »Was soll daran süß sein? Eine
Schande ist es.«
»Ach komm«, tröstet mich Jana. »So ein Zwergerl, das tut dir
doch nichts.«
»Du musst reden«, fauche ich sie an. »Wer beklagt sich denn bei
mir immer über seine Geschwister?« »Zwei ältere Schwestern,
das ist was völlig anderes.« Sie schüttelt entschieden den Kopf.
»Das kannst du nicht vergleichen. Zwei ältere Schwestern schika-
nieren dich den ganzen Tag. Aber so einen Winzling, den kannst
du dann selbst erziehen. Der folgt dir aufs Wort, wirst schon
sehen. Der wird dich anhimmeln.«

»Das sieht man bei deinem Bruder, stimmts?« Ich wende mich an Corinna, die sich bei mir immer das Herz ausschüttet, wenn sie mit ihrem jüngeren Bruder Zoff hat.

»Das kannst auch nicht vergleichen«, hält sie dagegen. »Der ist nicht klein genug. Zwei Jahre jünger, das bringt überhaupt nichts. Der Doofmann checkt zwar nichts, weil Mama alles für ihn regelt, aber er will die gleichen Rechte wie ich. Eine absolute Nervensäge. Und von mir lässt er sich nichts mehr sagen, seitdem er stärker ist als ich. Also ehrlich, so ein Nachkömmling ist schon was anderes. Ich weiß gar nicht, was du dagegen hast.«

»Was ich dagegen habe? Das kann ich euch verraten. Wenn das Baby erst mal da ist, wird Mama es mehr mögen als mich. Da bin ich sicher.«

»Glaub ich nicht. Deine Mutter ist doch so was von begeistert von dir«, meint Jana, und Corinna gibt ihr Recht. »Finde ich auch. Deine Mutter schwärmt meiner immer von dir vor. Da könnte man direkt neidisch werden. Meine beschwert sich dauernd bei Papa, was ich wieder ausgefressen habe.«

»Aber meine Mutter hat einen neuen Gspusi, den sie lieber mag als Papa. Dann wird sie auch das Kind vom Gspusi mehr mögen als mich. Ich bin dann das Kind vom Exmann. Ich bin dann auch out.«

»Quatsch, das bildest du dir ein. Wenn das Baby da ist, wird sie erst recht froh über dich sein. Du bist dann ihre rechte Hand bei der Babybetreuung, fast so was wie eine zweite Mutter. Das ist doch 'ne echte Chance, für voll genommen zu werden. Also, ich an deiner Stelle würde mich freuen.«

Janas Worte klingen vernünftig. Aber sie ist nicht an meiner Stelle. Ein fremdes Kind wird dann Mamas Spatzerl und Mamas Schmatzbacke sein. Und das tut weh.

Als ich Oma meine Sorgen anvertraue, gibt sie zu, dass auch sie sich Sorgen macht. Jedoch aus anderen Gründen. »Eine Schwangerschaft mit vierzig ist nicht ganz ohne«, sagt sie ernst. »Deiner Mutter geht es ziemlich schlecht. Ist dir das nicht aufgefallen?«

Doch, ihre schlechte Laune ist mir aufgefallen. Und auch, wie müde und abgespannt sie aussieht. Und dass ihr das Essen nicht mehr schmeckt. Sie hat sogar aufgehört zu rauchen. Jetzt, da ich Bescheid weiß, fallen mir die Veränderungen ein.

»Siehst du, nun kannst du dir vorstellen, wie elend sie beieinander ist, wenn sie nicht einmal mehr raucht. Sie braucht ihre ganze Kraft, um die Schwangerschaft gut zu überstehen. Wir zwei können sie dabei unterstützen.«

»Gings ihr mit mir auch so schlecht?«, frage ich Oma.

»Ganz im Gegenteil«, sagt sie. »Mit dir war sie das blühende Leben. Sie hat damals zwar auch zu rauchen aufgehört, um dir nicht zu schaden, aber ansonsten konnte sie Bäume ausreißen. Sie hat jeden einzelnen Tag genossen und wollte dich gar nicht rauslassen. Deshalb bist du dann auch mit einer Woche Verspätung auf die Welt gekommen. Ich muss schmunzeln. Wenigstens das hab ich dem neuen Baby voraus. Mit mir musste sich Mama nicht abquälen. Nur an meine Schwangerschaft wird sie sich später gern erinnern.

Als hätte sie meine Gedanken erraten, setzt Oma hinzu: »Du bist und bleibst ihr Wunschkind. Das neue Baby hat sie nicht geplant. Das ist einfach passiert. Und jetzt muss sie sich selbst erst an den Gedanken und die veränderten Lebensumstände gewöhnen. Ich glaube, es fällt ihr nicht leicht.«

Abends flitze ich kurz bei Papa vorbei, der nur ein paar Straßen entfernt wohnt. Wir spielen gern eine Partie Poker miteinander, wenn er Zeit hat. Er ist gerade am Kartenmischen, da kann ich es nicht mehr zurückhalten. »Weißt du schon, was der Mama passiert ist?«

»Hat sie vielleicht im Lotto gewonnen?«

»Nein. Sie ist schwanger.«

Papa gleiten die Karten aus der Hand. »Was?«, fragt er, als hätte ich chinesisch geredet.

»Sie bekommt ein Baby«, wiederhole ich. »Wie findest denn du das?«

»So ein Schmarrn«, brummelt er vor sich hin und sucht nach seinen Zigaretten.

»Ist doch doof, gell?« Ich merke sofort, dass Papa auf meiner Seite ist.

»Ich sag da nix dazu.« Er schüttelt finster den Kopf und starrt vor sich hin, bis ich heimgehe.

Im Bett gehen mir Omas Worte nicht aus dem Sinn. Ich möchte wirklich nicht, dass es Mama schlecht geht. Aber ein bisschen froh bin ich schon darüber, dass das neue Baby kein Wunschkind und die Schwangerschaft kein Vergnügen ist.

Ein Theater!

Den letzten Schultag vor den Weihnachtsferien kann ich kaum erwarten. Nachmittags um fünf findet die Schulweihnachtsfeier statt, kurz vorher holen wir die Jungs und ihren Vater vom Bahnhof ab. Die drei sind schon in aller Herrgottsfrühe von Sylt abgereist, um rechtzeitig zur Theateraufführung da zu sein. Ich weiß gar nicht, was aufregender ist: die Ankunft meiner Freunde oder das Theater. Dazu kommt noch, dass es seit letzter Nacht schneit. Dicke weiße Flocken taumeln vom Himmel, hüllen das ganze Land in Watte und sorgen für weihnachtliche Stimmung. Nur Mama ist nicht in weihnachtlicher Stimmung. Unruhig wie eine Henne flattert sie durchs Haus und äugt alle fünf Minuten zum Fenster raus. »Wenn das so weiterschneit, müssen wir die Schneeketten anlegen«, jammert sie und verschwindet im Badezimmer, um sich schön zu machen.

»Du meinst, ich muss die Schneeketten anlegen«, verbessere ich sie, als sie fertig ist, und schlüpfe in die Winterstiefel.

»Ich helfe dir natürlich«, verspricht sie und ich lästere: »Jaja, du mit deinem Bund Wurzeln an den Händen! Deine Hilfe kenne ich. Ich werde wohl Oma zu Hilfe holen müssen.«

Meine Mutter ist in technischen Dingen eine absolute Null. Sie vergisst sogar von einem Mal zum anderen, wie man den Staubsaugerbeutel wechselt und den Video programmiert. Von der Autotechnik ganz zu schweigen. Sie kann nur fahren und tanken. Für alles andere braucht sie mich. Seitdem Papa ausgezogen ist, bin ich die Einzige im Haus, die sich mit diesen Dingen auskennt. Papa hat mir alles beigebracht. Fahrrad reparieren, den Ölstand beim Auto messen, Skibindungen einstellen, den Computer anschließen, den Akkubohrer laden, den Telefonspeicher programmieren und lauter so 'n Kram. Die Schneeketten sind auch für mich nicht einfach zu montieren. Wie's geht, weiß ich, aber es ist mühsam und man braucht Kraft.

»Jetzt zehn Zentimeter nach vorn fahren«, rufe ich Mama zu, die im Auto auf meine Anweisungen wartet. Oma steht daneben und kann sich nicht bücken, weil sie es im Kreuz hat. Das Auto rollt an, die Ketten gleiten ab.

»Zehn Zentimeter hab ich gesagt, nicht einen Meter. Wer von uns beiden ist hier eigentlich die Mathe-Niete?«

Mama flucht und legt den Rückwärtsgang ein. Die Ketten verwursteln sich hinter dem Reifen. Ich wieder in die Hocke, mit klammen Fingern an den eisigen Ketten zerrend.

Das Auto mal vor, mal zurück. Es dauert eine Stunde, bis alle Ketten sitzen, ich bin mittlerweile ganz heiser vom Brüllen. Dabei soll ich heute noch in einem Musical singen. Und zwar den lieblichen Part der Taubenfrau. Für den Schornsteinfeger wär ich jetzt besser geeignet.

Die Strecke zum Bahnhof ist ein einziges Verkehrschaos. Nicht alle Autos sind mit Ketten ausgerüstet, so wie wir, und hängen nun an den Steigungen fest. »Was täten wir nur ohne dich, Amelie«, seufzt Mama und lächelt mich durch den Rückspiegel dankbar an.

Fast möchte ich entgegnen: Na ja, schwanger bist du immerhin ohne meine Hilfe geworden. Aber ich verkneife mir die Bemerkung. Im Moment tut mir Mama fast Leid, wie sie mit dem Kopf an der Windschutzscheibe klebt, um bessere Sicht zu haben. Ihr Gesicht hat vor Aufregung rote Flecken und die Augenschminke ist vom Schnee ganz aufgeweicht. Sie sieht aus wie ein trauriger Clown.

Am Bahnhof erfahren wir, dass der Zug voraussichtlich eine halbe Stunde Verspätung hat. »Wenn nichts mehr dazwischenkommt«, sagt der Schalterbeamte mitleidlos.

Wir schauen auf die Uhr. In einer knappen Stunde beginnt die Aufführung. Ich bin noch nicht verkleidet und noch nicht geschminkt.

»Ganz ruhig bleiben«, beschwört uns Oma. »Wenn wir uns verrückt machen, kommt der Zug auch nicht schneller.

Ich bekomme die Panik und Mama Heißhunger. Sie holt sich am Würstchenstand eine Bratwurst und verschlingt sie so hastig wie eine Beute. Um Würstchenbuden macht sie sonst einen großen

Bogen und erklärt mir immer, wie ungesund der Fraß sei. Soll einer aus Müttern klug werden!

Es ist quälend, auf das Vorrücken des Minutenzeigers zu warten. Wir versuchen, nicht öfter als einmal pro Minute auf die große Bahnhofsuhr zu schauen. Ich will mich ablenken, indem ich den Rollentext aufsage, aber das verstärkt meine Panik noch. Mir ist zumute, als wäre ein Wirbelsturm durch mein Hirn gefegt. Nichts ist mehr an seinem Platz. Alles Mamas Schuld, die mir mit ihrer Schwangerschaft in die Quere gekommen ist. Als spüre sie meine Wut, zieht sie sich ganz kleinlaut die Kapuze übers Gesicht. Plötzlich hält sie sich die Hand vor den Mund und stürzt auf den nächsten Abfalleimer zu.

»Was ist los mit dir?«, rufe ich hinterher, doch ihr Anblick ist Antwort genug. Sie würgt sich die Seele aus dem Leib. Oma und ich eilen zu Hilfe.

»Hättst halt die Bratwurst nicht so geschlungen«, schimpfe ich. Es ist zu peinlich. Eine Mutter, die vor aller Augen in den Abfalleimer kotzt! Ich könnte im Boden versinken.

Oma macht mir ein Zeichen, Ruhe zu bewahren, und raunt mir zu: »Das kommt nicht von der Bratwurst, das kommt von der Schwangerschaft. Weißt du, Schwangere haben einen empfindlichen Magen.«

Während Mama über den Abfalleimer gebeugt die Blicke der anderen Wartenden auf sich zieht und ich in meinen Taschen nach einem Taschentuch für sie krame, ertönt aus der Ferne der klagende Pfeifton eines Zuges.

»Unser Zug, beeil dich«, treibe ich sie an. Noch zwölf Minuten bis zum Beginn der Weihnachtsfeier. Wenn sie auf ihr übliches Begrüßungsgeschmatze mit Harm verzichtet, könnten wir es schaffen.

Natürlich schaffen wir es nicht rechtzeitig. Harm verzichtet nicht auf sein Begrüßungsgeschmatze, obwohl Mama nach Kotze riecht, und die Jungs reichen uns Unmengen von Gepäck aus dem Waggon. Das Auto wird allein davon schon voll. Wie wir sechs noch reinpassen sollen, weiß der Geier. Aber irgendwie muss es gehen, wir haben keine Zeit zum Nachdenken, und als wir am Ziel ankommen, fühle ich mich wie gerädert.

An der Schule erwartet uns ein heilloses Durcheinander, von Feierlichkeit keine Spur. Die chaotischen Verkehrsverhältnisse haben dafür gesorgt, dass auch andere nicht pünktlich sind. Mir fällt ein Stein vom Herzen. Hinter der Bühne ist die Aufregung groß. Immer wieder äugen wir durch den Schlitz des Vorhangs in den Zuschauerraum, der sich zunehmend füllt. Meine Klassenkameradinnen wollen meine Jungs sehen. Ich beschreibe ihnen, wo sie sitzen. »Sind die süß«, kichern sie und drängeln sich an den Vorhang. Ich gebe mich cool, aber froh bin ich schon. Für die Jungs muss ich mich wirklich nicht schämen.

Als der Vorhang sich öffnet, spüre ich, wie alle Sorgen der letzten Tage von mir abgleiten. In meinem Kopf kehrt Ordnung ein. Alle Sätze sind wieder da, wo sie hingehören. Ich bin *Bird Woman*, die Taubenfrau. Nichts anderes zählt.

Nord-Süd-Verhandlungen

Am nächsten Tag sind wir alle erschöpft und schlafen lange. Bis wir gefrühstückt haben, ist es Mittag und noch eine Menge zu erledigen. Schneeschaufeln, letzte Einkäufe vor den Feiertagen, die Wohnung schmücken. Mama verteilt die Aufgaben, mehr macht sie nicht, denn ihr ist dauernd übel. Harm fährt mit uns einkaufen, in Mamas Auto. Allrad findet er prima, aber als wir voll gepackt unseren steilen Weg hochfahren, bleibt er trotzdem stecken. Er hat keine Ahnung vom Winter im Gebirge.

»Im zweiten Gang anfahren und vor der Kurve auf den ersten schalten und leicht Gas geben«, erkläre ich ihm. »So machts Mama immer.«

Er schaut mich verlegen an, die Jungs brüllen: »Ej, Paps, dein Inselführerschein gilt hier nicht viel!« Er probiert es noch mal, diesmal nach meinen Anweisungen, und es klappt.

Nach dem Abendessen verziehe ich mich mit den Jungs in mein Zimmer unter dem Dach. Die Jungs haben eine selbst aufgenommene Techno-Kassette dabei. Lauter Gruppen aus Schleswig-Holstein, die ich nicht kenne. Hier hört man entweder Ö 3 oder Bayern 3, beides ist den Jungs unbekannt. Beim Roulettespielen erzählen wir uns, was seit den Sommerferien geschehen ist.

»Wisst ihr eigentlich, dass meine Mutter ein Baby bekommt?« Die Frage liegt mir schon seit vierundzwanzig Stunden auf den Lippen.

»Klar. Hat Paps uns erzählt«, sagt Matjes gelassen. Hering nickt bloß.

»Und? Wie findet ihr das?« Ich kann meine Neugier nicht unterdrücken.

Matjes zuckt mit den Schultern, Hering ist mit dem Spiel beschäftigt.

»Ein Mann mehr für unsere Fußballmannschaft«, meint Matjes grinsend. »Ist doch Klasse.«

Hering nimmt meinen erstaunten Blick wahr und kratzt sich am Kinn. »Och, wenns ein Mädchen ist, machts auch nichts. Paps wäre

ganz happy. Er sagt, eine Tochter fehlt ihm noch im Sortiment.«
Matjes fährt ihm dazwischen. »Das wird ein Junge. In Paps' Fa-
milie gibt es seit Generationen nur Jungs.«
»In meiner nur Mädchen«, erwidere ich. Ich sehe meine Ver-
wandtschaft vor mir. Lauter Frauen. Außer Papa.
»Wir könnten Wetten abschließen«, dröhnt Matjes.
»Also ich wette, dass es ein Junge wird. Ist doch logo. Bei un-
serem Vater.« Ein kleiner Bruder ... Ich weiß nicht. Dann wäre
ich das einzige Mädchen. Wenn überhaupt, dann wäre mir eine
Schwester lieber. Kleine Jungs nerven. Das sieht man ja an Co-
rinnas Bruder.
»Mir ist beides recht«, sagt Hering nach einigem Nachdenken.
»Wir sind dann auf jeden Fall die großen Brüder und haben das
Sagen.« »Nur in den Ferien. Ansonsten hätte ich das Sagen«, wi-
derspreche ich ihm.
»Wieso?« Die Jungs blicken beide vom Spiel hoch.
»Wieso, wieso? Weil das Baby bei Mama und mir lebt.«
»Ach so. Aber ihr lebt dann alle bei uns auf der Insel«, erfahre ich
zu meinem Erstaunen.
»Wie kommt ihr denn auf die Idee?« Meine Stimme klingt ganz
hohl.
Matjes kennt sich anscheinend in Familienangelegenheiten aus.
»Ist doch klar. Deine Mutter hat dann Mutterschaftsurlaub oder
so was in der Art und braucht nicht mehr zu arbeiten. Dann
könnt ihr zu uns ziehen.«
Von hier wegziehen? Ich sehe Papa vor mir. Und Oma. Und Jana
und all die anderen Freundinnen. Ich sehe Zorro, mein Pflegepferd, wie er mir auf der Weide entgegentrabt, sobald er mich er-
blickt. Ich sehe die schneebedeckten Berge und mich auf Skiern
die Hänge runterbrettern. Die Almwege, über die ich mit dem
Mountainbike hinter Papa herjage. Den zugefrorenen Hintersee;
keine Kunsteisbahn kann es mit ihm aufnehmen. Mein Zimmer
unter dem Dach, ganz aus Holz, wie ein Baumhaus. Es ist die ge-
mütlichste Höhle der Welt. Das alles soll ich verlassen? Es ist, als
würde der Boden unter mir nachgeben. »Meine Mutter würde

nie von hier wegziehen«, stoße ich hervor. »Sie ist hier zu Hause.
Sie könnte nirgendwo anders leben, sagt sie oft. Ohne Berge.«
Hering überlegt, dann sagt er: »Ohne unseren Paps hält sie es aber
auch nicht gut aus. Die beiden telefonieren jeden Abend miteinander. Ich glaube, die würden schon gern zusammen leben.«
»Das glaube ich auch, aber hier. Ihr könnt ja zu uns ziehen. In
Omas Haus ist Platz genug. Jeder von euch kann sich ein Gästezimmer aussuchen.«
Oma vermietet Zimmer an Urlauber. Aber das Haus ist ja groß,
sie kann sicher ein paar Räume abgeben.
Matjes runzelt die Stirn. »Zu euch ziehen ... na ja. Dann müssen
wir von der Insel weg. Als unsere Mutter nach Amerika zog, hat
sie uns nur deshalb bei Paps gelassen, weil sie uns nicht entwur-
zeln wollte. Wenn wir zu euch ziehen würden, könnte sie genauso gut sagen, wir sollen zu ihr nach Amerika kommen.«
»Nach Amerika würdet ihr doch sicher nicht wollen, oder?« Ich
muss an die Filme denken, in denen dauernd geschossen wird.
»Auf keinen Fall. Die haben Ganztagsschule«, sagt Matjes und Hering setzt grimmig nach: »Und Sonntagsschule, vergiss das nicht!«
»So viel Schule, die Ärmsten! Da würde ich nie hinziehen«, erkläre ich.
»Na, du sei man ganz still«, fährt Hering mir über den Mund.
»Eure bayerischen Schulen sollen total streng sein. Das muss ich
auch nicht haben.«
»Stimmt nicht. Unsere Schule ist ganz leicht«, widerspreche ich.
»Sogar Benni, der Nachbarjunge, kommt mit, obwohl er nicht
der Hellste ist. Ihr habt letztes Jahr selbst gesagt: Ist der doof.
Wenns der schafft, schafft ihr das auch.« Hering zieht die Augenbrauen hoch. »Na danke, du musst ja eine Meinung von uns
haben, wenn du uns mit dem Doofkopp vergleichst!«
»Tut mir Leid, aber ihr habt mit der Schule angefangen. Lassen
wir die Schule, die ist wirklich kein Thema für vernünftige Leute.
Jetzt sind Ferien. Wenn ihr hier wohnen würdet, könntet ihr Ski
fahren und klettern lernen ...«
»... und müssten das Segeln aufgeben«, unterbricht Matjes.

»Nein, müsstet ihr nicht. Der Chiemsee ist ein Segelparadies.«
»Ein Froschteich ist das!« Die Jungs lächeln verächtlich. »Da
brauchst du 'nen Föhn, um Wind zu machen.«
»Und wenn schon. Dafür ist Radfahren bei uns Klasse.«
»Vor allem bergauf. Erzähl uns nichts!«
»Wenigstens gehts bei uns hinterher bergab. Bei euch ist immer
Gegenwind.«
Eine Weile schaukelt das Gespräch noch so hin und her, bis uns
die Luft ausgeht. Wir kommen zu keinem Ergebnis. Die Jungs
finden ihre Insel super und ich meine Berge. Ich kann mir nicht
vorstellen wegzugehen. Zum ersten Mal im Leben wird mir klar,
wie gut ich es habe. Zum Glück weiß ich, dass Mama das genauso sieht. Sie würde nie von hier wegziehen.
Es ist spät geworden. Morgen ist Heiligabend. Der schönste Tag
im Jahr. Oder hat er gar schon begonnen? Die Großen haben uns
nicht einmal ins Bett geschickt. Ich glaube, wir werden erwachsen. Zähneputzen schenken wir uns heute. Todmüde schlüpfen
wir unter die Decken und tauchen hinab in das stille Reich der
Träume.

Weihnachten mit armen Heidenkindern

Der Heiligabend ist bei uns immer gleich, solange ich mich erinnern kann. Ein deftiges Holzfällerfrühstück mit Rühreiern
und Speck, dann stellt Papa den Christbaum auf, Mama beginnt
ihn zu schmücken und Oma fängt an zu kochen. Oma scheucht
jeden aus der Küche raus und Mama verscheucht jeden aus der
Bauernstube und Papa sagt zu mir, zieh dich warm an, und dann
verduften wir zwei mit dem Schlitten in den Wald.
Der Forstweg zur Schärtenalm windet sich in weiten Kehren den
Berghang hinauf, durch den verschneiten, stillen Wald, wo man
nichts hört außer dem Schnee, der von den Bäumen fällt, und
unseren Stimmen, wenn Papa mir die Fährten der Tiere erklärt.
Es ist immer der schönste Nachmittag im Jahr und so soll es blei-
ben.
Ich habe dafür gesorgt, dass Papa auch nach der Scheidung den
Heiligabend mit uns verbringt. Diesmal gerät alles durcheinan-
der. Es fängt schon damit an, dass Papa, nachdem er den Christ-
baum gebracht hat, gleich wieder verschwinden will.
»Du hast doch die Buben zum Rodeln«, sagt er. »Da brauchst
mich nicht.«
»Natürlich brauch ich dich, Papa.« Ich halte ihn fest. »Am Heilig-
abend brauch ich dich den ganzen Tag. Lass mich bloß nicht im
Stich.«
Die Jungs kommen neugierig angeschlappt und als sie mitkrie-
gen, dass Papa kneifen will, betteln sie mit.
Papa kratzt sich verlegen am Bart. »Ihr seid doch jetzt a richtige
Familie alle mitanand. Des is doch a Schmarrn, wenn i a no mit-
misch.«
Unser Wortwechsel lockt Mama, Oma und Harm zu uns in die
Diele. Harm schüttelt Papa die Hand und sagt: »Wir zwei werden
schon klarkommen. Ich würde mich freuen.«
»Ja freilich.« Papa nickt, aber ich merke, dass ihn die Großfamilie
unsicher macht. Er ist ein ausgewachsener Eigenbrötler und hat
am liebsten seine Ruhe. »Zur Bescherung muaß i aber dann nit

dabei sein«, meint er ausweichend und zieht sofort den Kopf ein, als unsere aufgebrachten Stimmen auf ihn niederprasseln.

Mama sagt:»Das kannst du der Amelie nicht antun.« Und Oma sagt:»Aber Bruno, ich koch gerade deine Lieblingsspeise, Rehrücken mit Semmelknödel.« Und ich sage:»Also Papa, ohne dich will ich auch keine Bescherung.«

Daraufhin gibt er klein bei. Wir holen unsere zwei Schlitten aus dem Schuppen und machen uns zu viert auf den Weg. Die Jungs preschen wie die Wilden voraus, aber Papa lässt sich nicht hetzen. Er geht Bergstrecken immer so ruhig und gemütlich an, dass man fast die Geduld verliert, und am Schluss ist er doch immer der Erste am Ziel.

Bereits nach der dritten Kehre überholen wir die Jungs, die eine Verschnaufpause brauchen.»Ist es noch weit?«, fragen sie außer Puste und Papa fragt zurück:»Habts ihr kein Schmalz, Buam?«

»Schmalz? Nö, zum Essen haben wir nichts mitgenommen.«

Papa grinst und ich schimpfe, er soll gefälligst hochdeutsch reden, ich will schließlich nicht jeden seiner Sätze übersetzen. Schmalz bedeutet power, erkläre ich den Jungs, und nun belehrt mich Papa, dass power auch nicht gerade reinstes Hochdeutsch sei.

Als die Jungs kurz darauf wieder fragen, ob es noch weit sei, antwortet Papa seelenruhig:

»Naa, höchstens zwoa Halbzeiten.«

Die Jungs reißen die Augen auf.»Halbzeiten? Meinst du, wie beim Fußball? Das wären ja eineinhalb Stunden ...«

»Freilich, ihr seids doch Fußballer, oder?«

»Das schon«, kommts schleppend zurück.»Aber bergauf ...«

»Dafür gehts nachher bergab. Die dritte Halbzeit is beim Rodeln die Belohnung.«

Die Jungs fragen, ob wir nicht zwischendrin zum Spaß schon mal ein paar Kurven abfahren könnten. Immer nur ein Stück rauf und dann wieder runter, schlagen sie vor. Aber Papa stapft unbeirrt weiter und sagt:»So rodeln Flachlandtiroler. Wir im Gebirge rodeln nur einmal, dafür aber gscheit. Wie Profis eben.«

Das Wort Profis überzeugt die Jungs. Auf einmal sind die drei in ein typisches Fußballmännergespräch verwickelt. Papa spielt selbst Fußball und kennt alle Spiele vom Fernsehen. Die Jungs sind beeindruckt und ich bin stolz auf meinen Vater, auch wenn mich Fußball nicht interessiert. Als wir nach zwei Halbzeiten auf der Alm ankommen, sind die Jungs ganz erstaunt. Sie haben keine einzige Verschnaufpause mehr gebraucht. So ist es immer mit Papa. Mit ihm vergisst man das Anstrengende.

Das wirklich Anstrengende beim Rodeln ist allerdings die dritte Halbzeit. Das wissen die Jungs aber nicht, als sie sich auf ihren Schlitten schwingen. Nach zwei Kurven wissen sie es. Sie stecken kopfüber im Tiefschnee neben dem Waldweg. Bis wir unten ankommen, habe ich mir vor Lachen fast in die Hosen gemacht und wir sehen alle vier aus wie Schneemänner.

Inzwischen ist es dämmerig geworden. Lautlos verschwindet der Tag hinter Baumwipfeln. Lautlos kriecht die Nacht aus dem Tal empor. Meine Lieblingszeit. Es ist, als würde die Natur den Atem anhalten. Ich habe das Gefühl, es ist die Zeit der Feen und Elfen und Waldgeister. Die kurze Zeit zwischen Tag und Traum, in der Wünsche erhört werden, wenn man ganz still ist. Ich hätte schon einen Wunsch. Dass alles so bleibt, wie es ist. Dass Mamas Baby nicht ... Aber darf man sich das wünschen? Gerade an diesem Tag, an dem das Christkind geboren wurde? Das Baby lebt ja schon in Mamas Bauch. Vielleicht ist es nicht recht, in der Heiligen Nacht solche unheiligen Wünsche zu hegen. Schnell verschiebe ich den Wunsch auf ein andermal und rufe: »Los, beeilen wir uns! Wer als Erster am Haus ist, sieht das Christkind.« Zwischen den Baumstämmen schimmert uns ein schwaches Licht entgegen. Dort bin ich daheim. Bevor das Christkind kommt, muss das Haus geräuchert werden.

»Räuchern ... wie? So wie man einen Schinken räuchert, im Kamin?« Die Jungs haben wieder mal keine Ahnung.

»Räuchern, das macht man bei uns in den Raunächten«, erkläre ich. »Sonst passiert ein Unglück. Wisst ihr das nicht?«

»Quatsch, das ist Aberglaube«, lästert Matjes.

»Glaubst du etwa so 'n Schiet?«
Ich habe noch nie darüber nachgedacht, ob man es glauben soll
oder nicht. Man räuchert halt. Bis jetzt ist in unserer Familie
noch kein Unglück geschehen. Das Räuchern war also nicht umsonst. Soll ich es glauben? »Es kann nicht schaden«, sage ich. »Ich   5
hab einfach ein besseres Gefühl, wenn ich es mache.«
Matjes gibt seinem Bruder mit dem Ellbogen einen Schubs und
grinst dabei in meine Richtung. »Du, ich sag dir eins, Amelie
glaubt sicher noch an den Weihnachtsmann.«
»Schmarrn!«, fahre ich hoch. »Den gibts bei uns gar nicht. Bei   10
uns gibts das Christkind.« »Und das liebe Christkind bringt dir
die Geschenke, stimmts?«
Jetzt muss ich auch grinsen. »Wofür haltet ihr mich? Also wirklich! Bei uns glaubt nur Oma an das Christkind. Wir Großen lassen ihr den Glauben, weil sie schon alt ist.«   15
In dem Moment kommt Oma aus ihrer Küche geschossen, fest-
lich angezogen, wie nur Oma an Weihnachten ist. Wir anderen
laufen an Feiertagen lieber in Schlabberklamotten rum, haben
uns aber heute Oma zuliebe auch ein bisschen fein gemacht.
»Seid ihr fertig, Kinder? Dann wollen wir anfangen.«   20
Sie drückt mir das Weihwassergefäß in die Hand, die Weih-
rauchpfanne nimmt sie selbst, und geht uns voraus in den Keller. »Vater unser, der du bist im Himmel ...«, beginnt sie und
gibt mir ein Zeichen mitzubeten. Normalerweise macht mir das
nichts aus. Es gehört zum Räuchern und es hat einen Sinn. Dies-   25
mal ist es mir ein bisschen peinlich, weil die Jungs mich so seltsam anglotzen. Zum Glück kommt Mama dazu. Zu dritt sind wir
bereits in der Mehrzahl.
Betend gehen wir von Raum zu Raum, vom Keller bis zum Dachboden, an Papa und Harm vorbei, die in Omas Bauernstube eine   30
Weihnachtsansprache im Fernsehen verfolgen. Überall verspren-
gen wir ein paar Tropfen Weihwasser und hinterlassen eine Weih-
rauchwolke. Ich mag diesen Duft, er ist so feierlich. Hinter mir
höre ich die Jungs kichern und flüstern. Hoffentlich wirkt der
Segen, wenn die beiden sich darüber lustig machen.   35

Hinterher stürzen sich alle hungrig auf den Rehrücken. Alle loben Oma, aber die Nachspeise, sagt sie, gibts erst nach der Mette.

»Nach dem Braten noch Mettwurst. Ich platze gleich«, stöhnt Hering mit vollen Backen.

Und Matjes wundert sich: »So feiert man bei uns auf der Insel Schlachtfest. Erst wird geräuchert und dann gibts Mettwurst mit Grünkohl.«

»Doch nicht Mettwurst, Mann. Kennst du die Christmette nicht?« Allmählich frage ich mich wirklich, wie die Jungs Heiligabend feiern.

»Ach so, Kirche. Nö, wir sind arme kleine Heidenkinder. Du kannst ja für uns ein gutes Wort im Himmel einlegen.«

Oma räuspert sich mit strafendem Blick, als wollte sie mahnen: Kinder, versündigt euch nicht! Heute ist Heiligabend.

»Schon gut, Oma«, beschwichtige ich sie.

»War nur ein Spaß.« Aber Matjes lässt nicht locker. »Jetzt mal im Ernst, Amelie. Gibts bei euch heute außer Beten noch was anderes? Zum Beispiel eine Bescherung? Ich frag nur man so.«

In dem Moment hören wir es. Das Glöckchen bimmelt.

»Das Christkind«, sagt Oma feierlich und steht auf.

Wir stürmen die Treppe hoch in Mamas Bauernstube. Alle Kerzen brennen. Es duftet nach Tanne und Bienenwachs. Unter dem Christbaum liegen so viele Päckchen wie noch nie. Wir sind jetzt eine große Familie. Nächstes Jahr werden noch mehr Päckchen unter dem Christbaum liegen. Kleine Spielsachen für das Baby. Als wir »Stille Nacht, heilige Nacht« singen, muss ich wieder an das Baby denken. Keiner spricht es aus, aber es ist bereits mitten unter uns. Unsichtbar wie das Christkind.

In den nächsten Tagen gibt es keine Frage, was wir unternehmen. Natürlich Ski fahren. Die Jungs haben zu Weihnachten Skier bekommen und nun sind sie natürlich nicht mehr zu halten.

Meistens ist meine Freundin Corinna mit von der Partie. Sie ist ein Ski-Ass und außerdem hat sie was übrig für Jungs. Speziell für Matjes. Wir zeigen den Jungs, wie man wedelt, aber wedeln ist ihnen zu mühsam. Sie wollen nicht elegant fahren. Sie wollen schnell fahren. Breiter Schneepflug und ab die Post. Die reinsten Pistensäue. Breitbeinig brettern sie über die Pisten und scheuchen jeden aus der Bahn, der ihnen im Weg ist. Zimperlich sind sie nicht, das muss man ihnen lassen. Deshalb macht es auch so viel Spaß mit ihnen.

Im Schlepplift fragt Corinna mich immer über die Jungs aus. Speziell über Matjes. »Schade, dass die beiden nach Dreikönig wieder wegmüssen«, seufzt sie. »Glaubst du, dass sie euch Ostern wieder besuchen?«

»Soviel ich weiß, nicht. Weil Ostern ihre Mutter aus Amerika zu Besuch kommt.«

Corinna sieht enttäuscht aus. »Was macht ihr denn an Silvester?«, fragt sie unvermittelt.

»Wir werden daheim feiern. Mama ist zur Zeit nicht besonders unternehmungslustig.« Plötzlich hellt sich ihr Gesicht auf. »Du könntest mit den Jungs bei uns feiern. Wir steigen wieder auf die Litzlalm.«

Die Jungs sind von dem Vorschlag begeistert, als wir mit ihnen darüber reden. Beim Abendessen erzählen wir Mama und Harm von Corinnas Einladung.

»Ihr beide seid doch noch gar nicht bergfest«, sagt Harm zweifelnd zu den Jungs.

»Corinnas Eltern werden sich bedanken, wenn sie drei Blagen mehr im Schlepptau haben«, wendet Mama ein.

»Außerdem heiraten wir am zweiten Januar«, erinnert uns Harm. Stimmt, das hatten sie schon erwähnt. Ich habs nicht so recht glauben wollen. Jetzt wird es also doch ernst.

»Zur Hochzeit sind wir wieder da.«

Harm und Mama sehen sich unschlüssig an.

»Bitte, Paps«, betteln die Jungs um die Wette. »Wenn ihr heiratet, habt ihr doch auch euren Spaß. Wir wollen auch unseren Spaß haben. Bitte.«

Mama zuckt ratlos mit den Schultern und steht auf. »Ich rufe mal Corinnas Mutter an. Dann sehen wir weiter.«

Als sie in die Küche zurückkehrt, wirkt sie nachdenklich.

»Und?«, schallt es ihr von drei Seiten gespannt entgegen.

»Corinnas Mutter hat nichts dagegen«, verkündet sie. »Allerdings bleiben sie bis zum dritten Januar auf der Hütte. Ihr drei müsstet am Neujahrstag allein abfahren. Ich weiß nicht, ob ich euch das zutrauen kann.«

»Kein Problem für einen Pfadfinder«, protzt Matjes und zeigt auf sein tolles Pfadfindermesser mit integriertem Kompass.

»Ich bin der Steuermann, ich kenne die Sterne«, tönt Hering und kritzelt den Großen Wagen auf eine Serviette.

»Bei Tag wirst du keine Sterne finden, mein Junge«, brummt Harm und wendet sich an mich. »Warst du schon mal auf der Litzlalm, Amelie?«

»Klar, ich bin doch hier daheim.«

Nach langem Hin und Her sind die Großen einverstanden. Mir kommt es fast so vor, als seien sie nicht unglücklich darüber, Silvester ihre Ruhe zu haben.

Silvester auf der Alm

Am Silvestermorgen sind wir mit den Hühnern auf den Beinen. Bis die Großen zum Frühstücken erscheinen, haben wir schon dreimal gefrühstückt. Die Rucksäcke stehen gepackt an der Haustür, Schlafsäcke und Isomatten obendrauf. Die Jungs wollten Knaller einpacken. Ich habe ihnen erklärt, dass man das bei uns nicht macht. Den Waldtieren zuliebe. Das sehen sie ein.
Harm gibt uns zum Abschied sein Handy. »Für alle Fälle«, sagt er. Mama umarmt uns. »Einen guten Rutsch«, wünscht sie. »Passt gut auf euch auf.« Sie hat feuchte Augen. Das hat sie in letzter Zeit oft. Dann marschieren wir los. Am Hintersee treffen wir uns mit Corinnas Familie und deren Freunden, den Berneggers. Die haben einen vierjährigen Quälgeist dabei. Er sollte eigentlich auf den Namen Rafael hören, aber er hört nicht. Ohne Rafael wären wir in zweieinhalb Stunden auf der Alm. Mit Rafael dauert es vier Stunden. Er will nicht laufen, das ist ihm zu anstrengend. Aber wenn ihn sein Vater auf dem Schlitten zieht, wird ihm schnell langweilig. Dauernd soll sich jemand mit ihm beschäftigen. Ein Monster.
Die Jungs und ich werfen uns viel sagende Blicke zu. Ob unser Baby auch so nervig wird? »Also unser Steppke nicht. Wir Sörensens produzieren keine Monster. Das sieht man ja an mir«, brüstet sich Matjes.
Corinna lacht. Sie findet alles toll, was Matjes sagt.
Mir fällt ein, dass Mama in letzter Zeit dauernd schlecht ist. Vielleicht brütet sie so ein Monster wie Rafael aus? Davon könnte einem allerdings schlecht werden. Ich mag es nicht glauben und sage schnell: »Es wird bestimmt kein Brüderchen, da wette ich mit dir. Es wird ein waschechtes Steinbichler-Mädchen.«
»Kann es gar nicht«, widerspricht Hering. »Weil es Sörensen mit Nachnamen heißen wird.«
»Ihr spinnt wohl! Natürlich heißt es Steinbichler. Genau wie ich.«
»Kinder heißen immer so wie der Vater«, erklärt Matjes, der Siebengescheite.

Ich will gerade widersprechen, da fällt mir ein, dass auch ich wie Papa heiße. Amelie Steinbichler. Mama hieß mal anders. So wie Oma, Feineis. Bis sie Papa geheiratet hat. Übermorgen heiratet sie Harm. Bedeutet das, sie wird ab übermorgen Sörensen heißen? Feineis, Steinbichler, Sörensen, wie soll man sich das merken! Ob das ihre uralte Festplatte überhaupt mitmacht? Außerdem hätten Mama und ich dann verschiedene Familiennamen. Als würden wir nicht mehr zusammengehören. Und das Baby würde so wie Mama heißen. Ich muss schlucken.

Hering legt einen Arm um mich und sagt, als hätte er meine Gedanken erraten: »Willst du nicht auch Sörensen heißen? Wir gehören doch dann alle zusammen.«

Hering ist süß. Aber ich muss ihn enttäuschen. »Schau, dann wäre doch mein Papa ganz allein. Es gäbe niemanden mehr, der wie er heißt. Als wäre er nicht mehr mein Papa. Das wäre Verrat.«

Hering versteht das. Er möchte auch nicht anders heißen als sein Vater. Corinna und Matjes sind längst beim nächsten Thema. Aber ich muss dauernd an die Namen denken. Es lässt mir keine Ruhe.

Kurz vor der Alm halte ich es nicht mehr aus. »Gib mir mal das Handy«, bitte ich Matjes. Ich wähle Mamas Nummer. »Steinbichler«, meldet sie sich verschlafen nach dem fünften Klingeln. »Du, Mama«, platze ich heraus. »Wie heißt du ab übermorgen?«

»Wie soll ich heißen? Wie ich halt heiße. Für dich immer noch Mama.«

»Nein, deinen Familiennamen will ich wissen.«

»Also Amelie, ist mit dir wirklich alles in Ordnung? Meinen Familiennamen kennst doch. Schließlich heißt du genauso.«

»Ja, aber wenn du wieder heiratest … Die Jungs meinen, du heißt dann Sörensen und das Baby auch.«

»Ach so.« Ich höre, wie bei ihr der Groschen fällt. »Sag den Jungs, drei Wikinger in der Familie genügen. Jetzt braucht erst mal unsere Gebirgstruppe Nachschub.«

Ah, auf Mama ist doch Verlass. Ich atme auf. »Du heißt also weiterhin Steinbichler. Und das Baby dann auch«, vergewissere ich mich.

»Klar«, sagt Mama. »Wir Frauen stehen zu unserem Namen.«
Na ja, so ganz stimmt das nicht. Für Papa hat sie ihren Namen
aufgegeben.
»Du meinst also auch, dass es ein Mädchen wird«, hake ich
nach.
»Sowieso, was denkst du denn! Eine Frau muss her. Drei Männer sind ja schon da.« Mama lacht ins Telefon und ich lache mit.
Vielleicht wird doch alles nicht so schlimm?
Abends in der Hütte sitzen wir um den Ecktisch und spielen Karten. Auf dem Herd rösten Kastanien, in der Backröhre brutzeln
Bratäpfel. Wir trinken Punsch, Corinnas Vater greift zur Hütten-
gitarre und spielt uns Oldies vor. Wie Papa, als er noch bei uns
gewohnt hat. Ich gehe vor die Hütte in die Winternacht hinaus,
muss nachdenken. Das Jahr ist vorbei. Es ist so viel passiert in
diesem Jahr. Ich weiß nicht, ob ich froh sein soll.
Hering kommt zu mir raus, wir schauen zu den Sternen hoch. Die
Kälte dampft vor unseren Mündern. »Da oben ist der Kleine Bär«,
sagt er leise. »Musst dir keine Sorgen machen. Das wird schon.«
Der Neuschnee schimmert unter der schwarzen Nacht. Still und
unbewegt schauen die Berggipfel auf uns herunter. Ich komme
mir sehr klein, aber gleichzeitig auch sehr alt vor. Klein und alt,
wie ein Zwerg. Zwergerl nennt mich Mama manchmal, wenn sie
mich trösten will. Damit wird es bald vorbei sein. Dann wird sie
das neue Kind Zwergerl nennen und ich werde einfach die Große
sein. Nie mehr die Kleine, nie mehr Zwergerl. Seltsam. Es ist das
erste Mal in meinem Leben, dass etwas nie mehr geschehen wird.
Ob so das Alter beginnt?
»Na, wenn du meinst«, sage ich nach einer Weile zu Hering, der
sich gegen die Kälte die Arme um den Körper schlingt. »Dann
wirds schon werden. Gehen wir wieder rein, bevor wir zu Eis-
zapfen festfrieren.«

Das alte Jahr hat sich mit Sternenglanz von uns verabschiedet.
Das neue Jahr wirbelt mit dichten Schneeflocken zur Hüttentür herein.

»Bei dem Schneegestöber kann ich euch nicht ins Tal fahren lassen«, sagt Corinnas Vater am Neujahrsmorgen zu uns, während er den zugewehten Eingang freischaufelt. »Man sieht keine zehn Meter weit. Bis zum Nachmittag wirds sicher aufhören. Dann dürft ihr los.«

Wir freuen uns über die Galgenfrist. Unten ist man ja schnell. Und nirgendwo kann es gemütlicher sein als in einer verschneiten Almhütte, wo es nach Holzfeuer und Zimttee duftet. Corinnas Mutter stellt eine Kerze und eine Wasserschale vor uns auf den Tisch und gibt jedem einen Bleiklumpen in die Hand.

»Wir wollen doch wissen, was uns im neuen Jahr erwartet«, sagt sie und setzt sich zu uns.

Bleigießen, davon habe ich schon gehört. Gespannt beobachten wir, wie das erhitzte Blei im kalten Wasser zu seltsamen Formen erstarrt. Matjes' Form ähnelt einem Stiefel. »Du wirst reiten lernen«, sage ich ihm voraus.

Matjes verdreht die Augen und lacht mich aus. »Nö, nö, das ist ein Siebenmeilenstiefel. Ich werde als schnellster Linksaußen Geschichte machen.«

»Stinkstiefel«, spottet Hering. »Lass lieber mich mal ran.« Er wirft sein Blei ins Wasser, das sich mit einem Zischen zu winzigen Zungen verästelt.

»Hering ist Feuer und Flamme«, meint Corinna mit einem Seitenblick auf mich. »Fragt sich nur, für wen? Dreimal dürft ihr raten.«

Hering wird rot bis hinter die Ohren und Matjes röhrt: »Arme Amelie, womit hat sie das verdient?«

Bevor auch ich rot werde, werfe ich schnell mein Blei ins Wasser und hoffe auf ein Wunder. Alle Augen richten sich auf mein Metall, das sich eindeutig zu einem Fisch formt. Ich mag Fische nicht. Was soll ich mit einem Fisch?

Die Jungs haben sofort die Antwort parat. Fisch bedeutet Meer, Amelie zieht zu uns auf die Insel, prophezeien sie mir. Die spinnen wohl.

Ich protestiere: »Wenn schon Fische, dann umgekehrt. Die Fischköpfe kommen an Land. Dreimal dürft ihr raten, wohin?«

Während wir Blei gießen und Weihnachtsplätzchen naschen, während wir Rätsel raten und Nüsse knacken, Geschichten erzählen und Lebkuchen verdrücken, streckt Hering seine Nase immer wieder mal zur Hüttentür hinaus, um die Wetterlage zu erkunden. »Kein Land in Sicht«, verkündet er. »Schneesturm von Nordnordwest.«

Hört sich cool an, ist aber nicht so berauschend, wenn ich an Mama denke. Sie erwartet uns sicher schon. Als wir daheim anrufen wollen, stellen wir fest, dass das Handy leer ist. Wenn wir nichts von uns hören lassen, wird sie sich Sorgen machen. Aber es gibt keine Möglichkeit, mit ihr Verbindung aufzunehmen. Das beste Handy nützt nichts, wenn kein Strom da ist, um es aufzuladen. Corinnas Vater holt ein Transistorradio aus dem Schrank und sucht einen klaren Sender. Doch man hört nur Rauschen.

»Das hört sich nach Lawinen an, wie das rauscht«, unkt Matjes aufgeregt. »Ob die Eltern damit rechnen?«

»Macht euch nicht verrückt, Kinder«, beruhigt uns Corinnas Vater. »Eure Eltern brauchen bloß aus dem Fenster zu schauen. Dann wissen sie, dass wir euch bei dem Schneegestöber nicht auf den Weg schicken können.«

»Aber die Hochzeit ...«, wende ich ein. Ich kann Mama morgen doch nicht im Stich lassen.

»Bis morgen früh wird sich das Wetter beruhigt haben. Wenn es kalt bleibt, ist keine Lawinengefahr. Dann könnt ihr losziehen. Unten ist man ja in null Komma nix.«

Das stimmt. Runter gehts leider immer viel zu schnell. Das ist das Gemeine am Schlittenfahren. Aber morgen wirds gar nicht schnell genug gehen können, wenn wir rechtzeitig zur Hochzeit da sein wollen.

Als wir abends in unsere Schlafsäcke kriechen, ist mein letzter Gedanke vor dem Einschlafen: Hoffentlich schneit es morgen nicht mehr. Das habe ich mir noch nie gewünscht.

Ein wirklich weißer Hochzeitstag

Zwei Tage lang hat uns Rafael genervt. Aber heute bin ich froh über ihn. Früh um sechs steht er bereits auf der Matte und trampelt uns aus dem Schlaf. Manchmal haben sogar Monster ihr Gutes. Wir frühstücken hastig und warten, bis es hell wird. Aus dem Transistorradio tönt der Wetterbericht. Diesmal versteht man was. Vorläufig keine Lawinenwarnung. Ab Nachmittag voraussichtlich weiterer Schneefall. Puh, Glück gehabt. Wir atmen auf. Ungeduldig hüpfen wir vor der Hütte herum, wärmen uns schnatternd und juxend auf. Langsam schleicht sich die Dunkelheit davon. Langsam kriecht der Tag über die Bergspitzen herunter. Ein grauer, verhangener Tag. Doch hell genug für Pfadfinder, Steuermänner und Bergziegen.

Alle winken uns nach, als wir uns auf unsere Schlitten schwingen. Der aufgewirbelte Neuschnee staubt uns ins Gesicht, die Abschiedsrufe hinter uns verklingen. Dann hören wir nichts mehr als unser eigenes Kreischen. Beim Schlittenfahren muss man kreischen. Man kann nicht anders. Wie beim Achterbahnfahren. Man muss hören, dass man lebt. Sonst würde man glauben, es sei nur ein Traum. Es ist trotzdem wie im Traum. Alles um uns herum ist weiß und leicht, als würden wir durch Wolken fliegen. Die Spuren von unserem Aufstieg sind längst zugeschneit. Wir können den Weg nicht sehen. Wir können ihn nur ahnen. Wir flitzen an einem verwehten Wegweiser vorbei, zu schnell, um die Schrift zu lesen.

»Moment!«, rufe ich Matjes zu, der vorweg fährt.

Er hört mich nicht. Er schreit seine Begeisterung in die Luft hinaus. Ich will abbremsen. Da kommt hinter mir Hering angerauscht.

»Mach zu, Amelie!«, treibt er mich an und ich lasse den Schlitten wieder laufen, damit er mich nicht über den Haufen fährt. Bin ich nicht eine Spur zu schnell? Ich habe das Gefühl, der Schlitten geht mit mir durch. Der Hang ist plötzlich so steil. Und die Wegmulde … wo ist die geblieben? Auf einmal ein gellender Schrei weiter unten. Das kann nur Matjes sein. Ich ramme meine Stiefel in den Schnee. Ich muss anhalten, ich muss sehen, ob wir richtig sind.

Da kracht von hinten Hering gegen meinen Schlitten. Ich wirble durch die Luft, vergesse zu schreien, vergesse alles um mich herum, bin nichts als ein Schneeball. Ein purzelnder Schneeball auf seinem Flug in die Tiefe. Als ich zum Stillstand komme, geschieht erst mal nichts. Ich wage nicht, die Augen zu öffnen. Den Anblick meiner verstreuten Gliedmaßen möchte ich mir lieber ersparen. Da, in meiner Nähe ein Ächzen, ein Fluchen.

»Seid ihr noch an Bord?«, weht Herings Stimme an mein Ohr.

An Bord ist gut, denke ich.

Stapfende Schritte nähern sich. Vielleicht sollte ich doch mal ein Auge riskieren. Ich blinzle, versuche mich zu bewegen, wühle mich frei. Hände, Füße, alles noch dran. Wer hätte das gedacht.

Zwei Fischaugen in einem Schneeball starren mir entgegen. Langsam schält sich Hering aus dem Schneeball heraus. »Wo ist Matjes?«, fragt er schniefend, nachdem er sich den Schnee unter den Klamotten rausgeschaufelt hat.

Ich habe keine Ahnung. Ich weiß nicht mal, wo ich bin. Wo mein Schlitten, mein Rucksack, meine Orientierung geblieben sind. Ich sehe nur den Steilhang, den wir runtergekugelt sind. Alles ist so weiß, so gleichförmig. Der viele Neuschnee hat alle Erinnerung an frühere Touren verwischt.

»Matjeeees«, rufen wir so laut wir können.

»Hiiier«, tönt es von weiter unten, wo die Bäume beginnen, gedämpft zurück.

»Er lebt«, stelle ich erleichtert fest und Hering stapft mit großen Schritten auf die Bäume zu.

Wir finden Matjes neben einem Felsen. So verdattert habe ich ihn noch nie gesehen. Von seiner Lippe tropft Blut. Der Schnee um ihn herum ist rot gesprenkelt. »Was glotzt ihr denn?«, faucht er uns an. »Seht lieber zu, dass ihr meinen Rucksack findet. Da ist mein Pfadfinder-Erste-Hilfe-Kasten drin.«

Wir finden zwei Schlitten und Herings Rucksack. Mehr nicht. Ein Blick auf die Uhr. In knapp zwei Stunden heiratet Mama. Ich rufe nach den Jungs. »Wir müssen ins Tal, es ist höchste Zeit«, erinnere ich sie.

»Wo gehts lang?«, fragt Matjes und presst Schnee auf seine aufgerissene Lippe.

»Du bist doch der Pfadfinder«, entgegne ich.

»Du kennst dich mit dem Kompass aus.«

»Mein Kompass ist in dem verschollenen Rucksack«, gibt er kleinlaut zu und wendet sich an Hering. »Du bist der Steuermann, Kumpel, was hast du im Angebot?«

Steuermann Hering vermisst die Sterne am grauen Himmel. Steuermann Hering ist völlig überfragt.

»Bergab stimmt immer«, sage ich. »Irgendwann müssen wir wieder auf den Weg stoßen.« Wir kämpfen uns durch verwehtes, felsiges Gestrüpp. Wir folgen den Fährten von Rehen und Hirschen, deren Futterstelle ich unten im Talgrund kenne. Wir hasten, stolpern und fluchen, und als wir endlich wieder auf eine Mulde stoßen, unter der wir den Weg vermuten, ist es Viertel nach zehn. Matjes Lippe hat aufgehört zu bluten, als wir um elf die Dorfstraße am Hintersee erreichen.

»Tempo, Leute! Noch drei Kilometer bis zur Dorfmitte«, treibe ich die Jungs an.

Auf einmal hören wir den Linienbus hinter uns schnaufen. Die nächste Haltestelle ist noch weit weg. Trotzdem winken wir wie Schiffbrüchige. Der Bus bremst, wir springen hinein und bedanken uns keuchend.

»Unsere Eltern heiraten nämlich gerade«, lässt Hering den Fahrer wissen.

Der schüttelt belustigt den Kopf und meint: »Mei, Bua, den Bären kannst deiner Großmuatta aufbinden.«

Um Viertel nach elf poltern wir ins Rathaus hinein, gerade noch rechtzeitig, um mitzukriegen, wie der Standesbeamte zu Mama sagt: »Anna Steinbichler, wollen Sie …«

»Die Kinder! Da seid ihr ja. Gott sei Dank!«, ruft Mama aus und stürzt sich auf uns. »Wir haben uns solche Sorgen gemacht. Warum habt ihr denn nicht angerufen?«

Wir reden alle durcheinander, bis sich der Standesbeamte räuspert und sagt: »Wollt ihr nicht erst fertig heiraten? Zum Erzählen habt ihr ja das ganze Leben noch Zeit.«
Die beiden heiraten also fertig.
Oma und Mamas Freundin sind die Trauzeugen. Sonst ist niemand dabei. Im kleinsten Kreis, war Mamas Wunsch, damit es nicht so anstrengend wird. Irgendwie habe ich mir Heiraten schöner und aufregender vorgestellt. Mit Orgelmusik, weißem Kleid und Brautjungfern, die Blumen streuen. Und mit einer vierspännigen Kutsche, die das strahlende Brautpaar aus der Menge winkender Menschen heraus dem Horizont entgegenträgt, wo in fetten Buchstaben das Wort *Ende* auf dem Film erscheint.
Bei Mamas und Harms Hochzeit winkt keine Menge, als wir uns nach der Trauung in die beiden Autos zwängen, um erst einmal zum Arzt zu fahren, der Matjes Lippe nähen soll. Danach gehen wir alle ins Posthotel essen und stoßen mit Sekt an.
»Prost, Schwesterlein«, sagt Hering zu mir und grinst.
Matjes kann nicht grinsen, wegen seiner Lippe. Aber freche Töne spucken kann er trotzdem.
»Ab heute dürfen wir dich immer ärgern, Schwesterherz. Dafür sind kleine Schwestern da.«
Das fängt ja viel versprechend an, denke ich. Aber es macht mir nichts aus. Im Gegenteil. Schwesterlein, Schwesterherz. Zum ersten Mal werde ich so genannt. Wie vertraut das klingt. Bisher fand ich es ganz vorteilhaft, ein Einzelkind zu sein. Vielleicht ist es gar nicht übel, zwei Brüder zu haben. Natürlich nur große Brüder, keine kleinen Nervensägen. Große Brüder, um die mich meine Freundinnen beneiden. Große Brüder, mit denen man sich gegen die Eltern verbünden kann. Ich werde nie mehr ganz allein sein. Wenn das Baby da ist und alles sich nur noch um das Kleine drehen wird, werde ich immer noch meine Brüder haben, die zu mir gehören. Eigentlich schön.
»Prost, Brüder«, sage ich fröhlich. »Wir sind jetzt eine Fleckerlteppichfamilie.«

Nur eine Woche bleibt uns, um Fleckerlteppichfamilie zu üben. Dann sind die Ferien zu Ende. Unsere Nordlichter steigen wieder in den Zug nach Sylt. Eine Woche lang haben wir uns kräftig getrietzt, gezankt und verbündet, wie nur Geschwister das tun. Auch Mama und Harm hatten ihren ersten Streit miteinander. Ein echtes Ehepaar eben. Dann herrschte dicke Luft, wir Geschwister warfen uns verschwörerische Blicke zu, und als die Neuvermählten sich am nächsten Morgen versöhnt an den Frühstückstisch setzten, atmeten alle auf.

Wenn Jana oder Corinna mich anriefen, um für den Tag etwas auszumachen, sagte ich jedes Mal: »Moment, ich will erst noch mit meinen Brüdern darüber reden.« Ein tolles Gefühl war das.

Über das Baby haben wir wenig gesprochen. Mama sagte, sie wolle erst das Ergebnis der Fruchtwasseruntersuchung abwarten. Ein Test, den späte Mütter machen sollen, um festzustellen, ob das Ungeborene gesund ist. »Wenn das Ergebnis gut ausfällt, können wir über die Zukunft nachdenken.«

»Und wenn das Ergebnis schlecht ausfällt?«, wollte ich wissen.

»Tja, dann ...« Sie seufzte und ließ den Satz in der Luft hängen. Ein gespanntes Schweigen senkte sich zwischen uns fünf.

»Eine Familie bleiben wir doch dann trotzdem, oder?«, fragte Hering in die Stille hinein. »Natürlich bleiben wir eine Familie. Wir haben nicht wegen des Babys geheiratet, sondern weil wir zusammengehören. Das Baby hat den Entschluss nur etwas beschleunigt.« Harm holte tief Luft, dann sprach er weiter. »Jetzt lasst uns man nicht den Teufel an die Wand malen, Kinder. Wird schon alles klar Kurs gehen. Hering sorgt für günstige Sterne, Matjes peilt seinen Kompass auf Pfingsten an. Anfang Juni soll der kleine Vorstopper nämlich sein erstes Tor schießen. Amelie betet einen segensreichen Rosenkranz und wir zwei ... « Er legte einen Arm um Mama, »wir zwei geloben hiermit hoch und heilig, euch drei nie mehr mit Notenpredigten zu quälen, wenn das Baby gesund zur Welt kommt.«

Matjes sprach aus, was alle dachten. »Und wenn das Baby nicht gesund zur Welt kommt?« Harm und Mama wechselten Blicke.

38

Dann sagte Mama mit belegter Stimme: »Darüber wollen wir uns heute nicht den Kopf zerbrechen. Man kann das Unglück auch herbeireden.«

Am Bahnhof umarmen wir uns alle wie eine richtige Familie. Harm will Mama gar nicht mehr loslassen. Als der Schaffner pfeift, flitzen wir auseinander. Vom Fenster aus ruft Harm mir zu: »Pass gut auf Mama auf, Amelie!«

Ich rufe ihm in den davongleitenden Zug nach: »Und du auf meine Brüder!« Dann entschwinden sie unserem Blick.

Mama und ich stehen da und schauen uns an. »Ach Zwergerl«, sagte sie traurig und nimmt mich in die Arme. »Jetzt sind wir wieder allein, wir zwei.«

Ich nicke. »Für eine Fleckerlteppichfamilie ist das ziemlich wenig. Nur zwei Fleckerl. Aber du stückelst ja an.«

Sie lacht, ein bisschen nur, aber sie lacht. »Mein Zwergerl, mein großes. Wie gut, dass es dich gibt«, sagt sie und hakt sich bei mir unter. »Jetzt fahren wir heim und machen uns einen richtig gemütlichen Tag. Nur wir beide. Hast du Lust?«

Und ob ich Lust habe! Morgen beginnt die Schule. Aber heute faulenzen wir so faul wie voll gefressene Katzen.

Ein schicksalhafter Brief

Zwei Tage nach Ferienende komme ich eine Stunde eher aus der Schule heim. Mama ist schon da. Sie arbeitet nur bis mittags. Aber heute steht sie nicht wie sonst am Herd, um unser Mittagessen fertig zu kochen. Sie hockt auf der Bank und raucht Pfeife. Seit Monaten zum ersten Mal.

»Du rauchst wieder?« Ich wundere mich. »Hast du damit nicht aufgehört, um dem Baby nicht zu schaden?«

»Habe ich auch«, gibt sie kleinlaut zu. »Es ist nur wegen dem Testergebnis. Es ist heute angekommen.« Sie deutet auf den Brief vor sich.

»Die Fruchtwasseruntersuchung? Ist es ...« Ich stocke. Ein behindertes Kind ... Das arme Baby. Es ist noch so winzig. Sicher nicht größer als ein neugeborenes Kätzchen. So ein Kätzchen muss man einfach lieb haben. Auch wenn es nicht ganz gesund ist. Eine verkrüppelte Pfote oder schielende Augen – es würde mir nichts ausmachen. Ich würde das Kätzchen umso mehr bemuttern. Ob das Baby im Bauch spürt, dass etwas nicht in Ordnung ist? Dass Mama wieder raucht, weil sie die Hoffnung verloren hat? Ich mag den Gedanken nicht zu Ende denken. Hilflose Wesen rühren mich.

»Vielleicht ist es bloß ein bisschen behindert«, versuche ich Mama zuzureden. »Ein Finger weniger oder so, das wär doch nicht so schlimm.«

Mama schüttelt den Kopf. »Das ist es nicht, worüber eine Fruchtwasseruntersuchung Auskunft gibt. Geistige Behinderung ist gemeint, weißt du. Zellen im Körper sind dann falsch programmiert. So ein Kind kann vielleicht nie richtig sprechen lernen, nie für sich selbst sorgen. Wird nie erwachsen.«

»Katzen und Hunde werden auch nie richtig erwachsen«, gebe ich zu bedenken. »Trotzdem mögen wir sie.«

»Von denen erwartet auch keiner, dass sie allein zurechtkommen«, entgegnet Mama. »Sie sind Luxuswesen, nur zu unserem Vergnügen auf der Welt. Von Menschenkindern wird Leistung erwartet. Sie sollen später einmal Stützen der Gesellschaft werden, nicht Abhängige.«

Leistung, das kenne ich. Das spüre ich jeden Tag in der Schule. Stützen der Gesellschaft! Deshalb muss ich Mathe büffeln. Mama hat keine Ahnung mehr von Dreisatzrechnung. Trotzdem hält sie sich für eine Stütze der Gesellschaft.

»So wichtig ist Leistung auch wieder nicht«, behaupte ich. »Die Mutter von Benni leistet eigentlich nichts. Die hat 'ne Haushälterin für die Hausarbeit und ein Au-pair-Mädchen für die Kinder. Und den Garten versorgt ihr ein Pole. Trotzdem mögen sie alle.«

Mama windet sich. »Das ist was anderes«, sagt sie. »Bennis Vater verdient genug, um seiner Frau alle Arbeit abzunehmen. Bei geistig Behinderten ist das anders. Die bleiben allein zurück, wenn die Eltern tot sind. Dann müssen sie ins Heim, wo sie versorgt, aber nicht geliebt werden. Das ist sehr traurig für sie. Auch in ihren Gefühlen bleiben sie Kinder. Sie sind anhänglich und verschmust und sehnen sich nach Zärtlichkeit.«

Ich überlege eine Weile. Anhänglich und verschmust, das ist doch was Schönes. »Ich würde mich kümmern, wenn du tot bist«, sage ich aus dem Bauch heraus. Anhänglich und verschmust, solche Menschen mag ich. Für mich muss keiner Bruchrechnen können. Hauptsache lieb. Darum werde ich Tierärztin wie Papa. Als Tierärztin habe ich es nicht mit den Stützen der Gesellschaft zu tun.

Mama drückt mich an sich. »Bist ein gutes Kind«, sagt sie liebevoll. Aber dann wird sie wieder ernst. »Ein geistig behinderter Mensch ist eine große Belastung für alle Familienmitglieder. Man gerät ins Abseits, weißt du. Keiner will mit einem geistig Behinderten zu tun haben. Wenn ein ausgewachsener Mensch mit am Tisch sitzt, der sabbert, im Essen herummanscht und wie ein Kleinkind vor sich hinplappert, dann schreckt das die Leute ab.«

»Vielleicht am Anfang«, wende ich ein. »Später würden sie sich dann schon daran gewöhnen.«

Mama schüttelt den Kopf. »Ich fürchte, nein. Nicht in unserer Leistungsgesellschaft. Bei uns muss man fit sein, erfolgreich. Ich bin froh, dass du einen gesunden Verstand hast. Du wirst deinen Weg gehen. Etwas mehr Eifer in der Schule würde dir allerdings nicht schaden ...«, setzt sie augenzwinkernd nach.

»Also echt!« Ich fahre empört hoch. »Du hast vielleicht Ansprüche.«

»Sei froh, dass du intelligent bist, und nutze deine Fähigkeiten. Ein geistig behindertes Kind hat diese Chance nicht. Das ist das Traurige.«

Stimmt. Das leuchtet mir ein.

»Hast du bei mir auch so eine Fruchtwasseruntersuchung gemacht?«, will ich wissen.

»Ach, Muckerl, bei dir war ich noch jung. Nicht mal dreißig. Da war das nicht nötig«, sagt sie versonnen. »Jetzt ist das was anderes. Je älter die Eltern sind, desto häufiger geht was schief. Deshalb macht man vorsichtshalber diesen Test.«

»Vorsichtshalber ... Wieso vorsichtshalber? Jetzt bist du ja schon schwanger. Jetzt ist es zu spät. Wenn, dann hättest du vorsichtshalber erst gar nicht schwanger werden dürfen.«

»Na ja ... vielleicht ist das Baby gesund und ich mache mir umsonst Gedanken. Ich habe den Brief schließlich noch nicht geöffnet.«

»Du hast ihn noch nicht gelesen?«, rufe ich empört. »Und machst mir solche Angst?« »Ich hab selber Angst«, gesteht sie.

»Dann lass mich mal machen.« Ich greife nach dem Kuvert, doch ihre Hand ist schneller.

»Nein«, stoppt sie mich. »Das kann ich nicht zulassen. Du bist ja noch ein Kind. Ich mache ihn selbst auf. Mit Mingo. Ich habe sie angerufen, weil sie dasselbe durchgemacht hat.« Sie starrt zum Fenster raus, seufzt, rennt hin und rennt her, starrt Löcher in den Himmel, nimmt den Brief von einer Hand in die andere, als würde sie sich daran die Finger verbrennen.

Mingo, ihre Freundin, wohnt im Nachbardorf. Ihre Tochter Lisa ist fünf und fit wie Mungo. Wenn die eine Fruchtwasseruntersuchung überlebt hat, kanns nicht so schlimm sein.

Ein paar Minuten später ist Mingo bei uns. Sie nimmt den Brief in die Hand, öffnet den Umschlag, zieht das Schreiben heraus.

Mama greift nach meiner Hand, den Blick auf Mingos Gesicht geheftet. Mingos Augen überfliegen die Zeilen. Kein Mucks ist zu hören. Mingos Lippen bewegen sich lautlos. Ihre Mundwinkel bewegen sich aufwärts. Sie lächelt. Dann lacht sie vor Erleichterung. »Gratuliere.« Mehr sagt sie nicht.

»Ist es gesund?«, haucht Mama und springt von ihrem Stuhl hoch.

Mingo nickt. »Mehr als gesund. Doppelt gesund. Ein gesundes Doppelpack.«

»Was?« Mamas Stimme schlägt einen Purzelbaum. »Doch nicht etwa zwei ...«

»Zwillinge«, sagt Mingo und grinst wie ein Honigkuchenpferd.

»Zwillinge!«, kreischen Mama und ich und starren uns fassungslos an.

»Ich bin nicht schuld«, wehre ich ab, als Mama gar nicht mehr aufhört mich anzustarren.

»Zwillinge«, wiederholt sie kopfschüttelnd und lässt sich auf ihren Stuhl zurückplumpsen.

»Das hat mir gefehlt. Als wär ein Racker nicht anstrengend genug.«

»Zwei gesunde Kinder. Was will man mehr?« Mingo faltet das Schreiben zusammen und steckt es in ihre Tasche. »Das Geschlecht verrate ich euch nicht. *Die* Überraschung hebt euch mal schön bis zum Schluss auf.«

»Ich glaube, für weitere Überraschungen werde ich allmählich zu alt. Mein Gott! Zwei schreiende, hungrige, kackende, zahnende Bälger auf einmal.« Mama verdreht die Augen. »Wie soll ich das nur schaffen?«

»Hauptsache, sie sind gesund. Alles Weitere ergibt sich von allein. Wirst schon sehen.« Mingo nimmt Mama in die Arme und versichert ihr: »Du schaffst das. Hast ja schon eine große Hilfe. Gell, Amelie?«

Ich muss grinsen. Aber dann fällt mir Rafael, das Monster, ein. Zwei von der Sorte ... nein danke. Ohne mich. »Kommt drauf an«, sage ich. »Wenns Mädchen sind, na ja, da bin ich verhandlungsbereit. Aber für Buben übernehm ich keine Haftung. Ich hab schon zwei Brüder. Das reicht dicke.«

»Ach was! Lass dich einfach überraschen.« Mingo hat anscheinend keine Ahnung von Monstern. Klar. Ihre Lisa ist total lieb.

»Wisst ihr was?« Sie wechselt das Thema.

»Wir feiern jetzt. Rückt den Sekt raus, Mädels, hopp, hopp.« Mama kräuselt unschlüssig die Stirn, aber ich bin schon unterwegs in den Weinkeller. Feiern ist prima. Dagegen habe ich niemals Bedenken. Der Sektkorken knallt und die schäumende Flüssigkeit ergießt sich über unsere Köpfe.

»Wenn die Babys auch so aufbrausend werden, dann schenk ich sie dir beide«, sagt Mama und wischt sich den Sekt aus den Augen.

»Ich erinnere dich daran, wenn sie friedlich wie kleine Engel in ihren Bettchen liegen«, erwidert Mingo und lacht. »Aber jetzt erst mal Prost. Auf zwei gesunde Wonneproppen.« »Auf zwei Mädchen«, sage ich.

»Pflegeleichte Langschläferinnen.« Mama zwinkert mir zu. »So wie du als Baby warst, Amelie.«

»So was wie mich gibts nur einmal. Da könnt ihr sicher sein.«

»Halb so brav reicht auch«, frotzelt Mingo.

»Dafür sinds zwei.«

Als Mingo uns verlässt, muss Mama dringend ihre Neuigkeit loswerden. Ich meine auch. Wir telefonieren unsere Außenstation Nordsee an. Harm ist am Apparat.

»Setz dich erst mal auf deinen solidesten Stuhl«, warnt Mama ihn, bevor sie loslegt.

Harm kann es kaum fassen. »Mann, o Mann«, hören wir ihn durch die Leitung prusten. »Das geht ja stracks in die Vollen. Wir Friesen machen eben keine halben Sachen.«

Die Jungs haben mitgehört. Sie sind ganz von den Socken. »Was sagt ihr dazu, Brüder?«, rufe ich durch die Leitung.

»Dolles Ding. Das gibt zwei neue Mittelstürmer für unseren Verein. Unser Vater versteht einfach was von Mannschaftsaufbau.«

»Wers glaubt, wird selig.« Mehr sage ich dazu nicht. Man kann Brüder einfach nicht ernst nehmen.

Hier gehts längs

Die nächsten Wochen vergehen still und ohne Katastrophen. Mama gewöhnt sich langsam an den Gedanken Zwillinge zu bekommen. Hauptsache, sie sind gesund. Wenn ich mit ihr beim Einkaufen bin, laufen uns seit neuestem dauernd Mütter mit Kinderwagen über den Weg. Jedes Mal bleiben wir stehen und schauen in den Wagen. Die Babys sind dick verpackt, mehr als ein rosiges Näschen kann man kaum erkennen. Wir fragen dann immer, wie das Baby heißt und wie alt es ist und ob es schon durchschläft. Das ist jedes Mal der Moment, wo die Mütter zu strahlen aufhören und zu seufzen beginnen und antworten, dass das Kleine nur schläft, wenn es spazieren gefahren wird.

»Du wirst ab Pfingsten viel an der frischen Luft sein«, prophezeie ich Mama. »Vielleicht solltest du dir vorsichtshalber schon mal ein Paar neue Wanderschuhe kaufen.«

Statt Wanderschuhen für sich selbst kauft sie mir ein Paar richtig schicke Turnschuhe. Hat sie heute ihren spendablen Tag?

»Damit kann man besonders gut einen Zwillingswagen durch die Gegend schieben«, verrät sie mir nach dem Kauf.

Aha, da liegt der Hund begraben.

»Radfahren kann man aber auch ganz gut damit!« Ich habe nicht vor, mit so einem Koloss von Zwillingswagen durch die Gegend zu walzen. Das ist Schwerstarbeit. Und wie das aussieht! Total uncool. Darauf werde ich mich auf keinen Fall einlassen. Diesen Gedanken behalte ich allerdings für mich, denn ich will ihr die Einkaufslaune nicht verderben.

Wir bummeln den ganzen Nachmittag durch die Geschäfte, kaufen die ersten Strampelhosen, rotweiß gestreift, und für Mama eine Umstandshose, die ebenfalls wie eine Strampelhose aussieht.

»Wohin mit den Babysachen?«, frage ich sie daheim. »Müssen wir nicht allmählich ein Zimmer als Kinderzimmer herrichten?«

»Och, das hat noch Zeit«, sagt sie gedehnt. »Fürs Erste machen wir den Babys eine Ecke bei mir im Schlafzimmer frei und später werden wir sehen ...«

»Was werden wir sehen?« Irgendetwas beunruhigt mich an ihrem beiläufigen Tonfall.

»Na ja, die Babys sollen erst mal auf die Welt kommen und dann können wir immer noch überlegen ...«

»Wieso sollen wir erst dann überlegen? So was überlegt man doch vorher, oder? Für mich hattet ihr ein fertiges Kinderzimmer, als ich geboren wurde.« Von den Bildern im Fotoalbum weiß ich das.

»Bei dir war das was anderes. Papa und ich wohnten in dieser Wohnung und wussten, dass wir hier bleiben würden.«

»Soll das heißen, dass ... dass wir nicht hier bleiben werden?«, stottere ich wie vom Donner gerührt.

»Ich weiß es noch nicht.« Mama schaut endlich von der Küchenanrichte auf und mir ins Gesicht. Sie wirkt bekümmert. »Glaub mir, Amelie, mir fällt es auch nicht leicht, von hier wegzuziehen. Aber es ist halt so, dass ich drei Jahre Erziehungsurlaub haben werde und Harm für uns alle das Geld verdienen wird. Wir können nicht erwarten, dass er mit seinem Betrieb quer durch Deutschland umsiedelt.«

»Sein Betrieb!«, stoße ich hervor. »Das sind zwei Büroräume. Natürlich kann man damit umsiedeln. Das ist schließlich keine Fabrik.«

Mama schüttelt ernst den Kopf. »Du täuschst dich. Es ist eine Einmannfabrik zur Landkartenherstellung. Mit schweren Spezialgeräten, Netzverbindung zum Vermessungsamt, Geschäftsverbindungen in ganz Norddeutschland. Eine Firma eben. Einen Firmensitz zu verlegen ist ein Riesenaufwand und bringt am Anfang auch Geschäftsverluste mit sich.«

»Na und? Geschäfte sind nicht das Wichtigste im Leben ...«

»Aber wichtig zum Überleben. Vor allem, wenn man eine siebenköpfige Familie ernähren muss. Außerdem hat er Firma und Wohnung im eigenen Haus. Einen solchen Vorteil gibt man nicht einfach so auf.«

»Wir wohnen auch im eigenen Haus«, entgegne ich energisch.

»Wir wohnen in Omas Haus. Das ist was anderes.«

»Ach komm! Oma hat sicher nichts dagegen, zwei Gästezimmer an Harm als Büro zu vermieten. Oma ist doch froh, wenn wir hier bleiben«, versichere ich ihr.

»Klar wäre Oma froh darüber«, gibt sie mit belegter Stimme zu. »Aber wenn man sein eigenes Haus gewohnt ist, gibt man nicht gern seine Unabhängigkeit auf. Das musst du verstehen.«

»Wir müssen genauso viel aufgeben. Also, ich seh das nicht ein. Wo bleibt denn da unsere Emanzita ... oder wie das heißt. Du weißt schon, worauf du immer so stolz bist.«

Sie legt mir einen Arm um die Schulter und tätschelt mich. »Im Prinzip hast du ja Recht, Muckerl. Aber in Liebesdingen ist man manchmal zu Kompromissen gezwungen. Wenn du groß bist, wirst du das auch noch erfahren.«

»Schöne Aussichten«, motze ich. »Da muss ich mir noch überlegen, ob ich erwachsen werden will.«

Ich höre Schritte auf der Treppe und dann unsere Türglocke bimmeln. Oma bringt uns eine dampfende Griesnockerlsuppe.

»Oma, sag du was dazu«, begrüße ich sie erleichtert. »Du würdest unsere Großfamilie gut unterbringen können, oder?«

Oma atmet durch. »Ach Kind, das ist nicht das Problem. Aber ich will mich da nicht einmischen. Das müssen Mama und Harm allein entscheiden. Wenn sie unser aller Wünsche berücksichtigen, werden sie für sich keine Lösung finden.«

Ich bin enttäuscht von Oma. Sonst ist sie immer auf meiner Seite. »Macht es dir gar nichts aus, auf mich zu verzichten?«

Die Frage ist zu viel für Oma. Wie ein nasses Wäschestück fällt sie in sich zusammen und besteht nur noch aus Falten. »Meine Kleine, du weißt doch, dass du mein Sonnenschein bist«, schnieft sie und drückt mich an sich. Sie fühlt sich zerbrechlich an. Wie kann Mama nur daran denken, Oma allein zurückzulassen. Nicht nur mich würde sie unglücklich machen. Auch Oma hätte keine Sonne mehr. Von Papa ganz zu schweigen. So was kann man doch nicht wollen.

»Ich lass dich nicht allein, Oma. Ich bleib hier«, verspreche ich und wende mich dann an Mama. »Bloß dass du's weißt. Oma gehört zu uns. Wir Frauen müssen zusammenhalten. Das hast du immer gesagt, wenn es schwierig wurde. Soll Harm den Kompromiss schließen. Wenn er dich liebt, wird er schon nachgeben. Mit den Zwillingen zusammen sind wir immerhin die Mehrheit.«

Mama bleibt stumm. Sie steht da wie eine Vogelscheuche im Wind. Ganz verloren. Natürlich weiß ich, dass sie es nicht leicht hat. Aber sie bekommt die Zwillinge und damit alle Trümpfe in die Hand.

»Wenn Harm sich wirklich so auf die Zwillinge freut, wird er schon kommen«, rede ich ihr zu. »Und was die Firma betrifft: Na und? Dann verdient er halt weniger. Geld macht eh nicht glücklich, höre ich immer. Dann sind wir eben ein bisschen sparsamer. Und Papa zahlt ja auch was für mich und die Mutter der Jungs für die beiden.«

Ich rede mich in Fahrt. Jetzt ist der Augenblick, Mama zu überzeugen. Mit ihren eigenen Argumenten. Sie widerspricht mir nicht einmal. Steht nur da, lässt die Schultern hängen und seufzt mit Oma im Dreivierteltakt. Manchmal denke ich, die Erwachsenen wären ohne uns Kinder völlig aufgeschmissen. Vom wahren Leben haben sie keine Ahnung. Ich weiß, dass im wahren Leben nichts mit Seufzen erreicht wird. *Wer sich nicht wehrt, landet am Herd,* steht in meinem Poesiealbum. Ich halte es Mama unter die Nase, die sich ein gequältes Lächeln abringt.

»Hast ja Recht, Amelie«, sagt sie müde. »Jedenfalls aus deiner Sicht. Aber für heute lassen wir das Thema einfach mal ruhen. Warten wir ab …«

Wenn ich das schon höre! Ein Thema ruhen lassen … Ich darf das Thema Vokabellernen auch nie ruhen lassen. »Nichts da!«, wettere ich. »Wir entscheiden jetzt, dass wir hier bleiben. Wenn wir wissen, was wir wollen, können wir in Ruhe abwarten, was unsere Nordlichter unternehmen.«

Mama rollt die Augen. »Ich kann doch Harm nicht so unter Druck setzen«, jammert sie und mich packt die Wut.

»Uns kannst du aber, oder? Also, ich ruf jetzt den Harm an.«

Bevor sie mich abhalten kann, bin ich am Telefon. »Hallo, Stief-
linger«, begrüße ich meinen Stiefvater. »Ich hab gute Nachrich-
ten für dich.« »Drillinge statt Zwillinge?«, flaxt Harm.
Mama steht neben mir wie ein gerupftes Huhn.
»Nein, dazu hats nicht gereicht. Bilde dir bloß nichts ein«, gebe
ich zurück. »Aber ich hab was Besseres. Oma überlässt dir zwei
helle freundliche Gästezimmer als Büro. Und für die Jungs noch
mal zwei Gästezimmer. Ist das nicht spitze?«
Vom anderen Ende der Leitung kommt ein Räuspern und dann
noch ein Räuspern und dann plötzlich sehr geschäftlich die Auf-
forderung: »Gib mir bitte mal deine Mutter.«
Nun bin ich es, die sich räuspert. »Na ja, also … die Mama kann
jetzt nicht kommen. Der Bauch tut ihr weh und Oma massiert
ihr das Kreuz und überhaupt, ihr gehts hundeelend.«
Mama will mir den Hörer wegnehmen, was ich nicht zulasse.
Ehe sie sich einmischt, setze ich schnell nach: »Sie hat einen
schlechten Tag. Ohne Oma wäre sie aufgeschmissen. Mit den
Zwillingen wird sie Oma erst recht brauchen.«
»Was schnackst du da fürn Kappes, Amelie?«, grummelt Harm
verärgert. »Deine Mutter ist eine erfahrene Frau … «
»Quatsch, sie ist eine emanzi … na, du weißt schon«, unterbre-
che ich ihn. »Frauen brauchen andere Frauen. Vor allem Omas,
die bügeln und Süppchen kochen.«
»Wir haben eine Zugehfrau. Sie wird Mama helfen.«
»Omas sind besser«, widerspreche ich. »Omas sind immer da.
Wie die Zwillinge.«
»Mach dir man keine Sorgen um Mama. Sie hat ja dann auch
mich als Hilfe«, versucht Harm mich einzuordnen. »Mit Babys
kenn ich mich aus. Ich weiß, wo's längs geht.«
»Du musst Geld verdienen«, erinnere ich ihn. »Außerdem, mit
Mädchen kennst du dich nicht aus. Oma kennt sich am besten
mit Mädchen aus. Sie strickt bereits Ausgehgarnituren für die
Zwillinge.«
Harm lacht wie über einen Scherz, dabei mache ich nie Scherze
mit Erwachsenen. Ich erziehe sie, das ist eine ernste Sache.

Aus dem Hintergrund mischen sich nun auch die Jungs ein. »Wir bauen mit Papa den Dachboden aus«, rufen sie mir zu. »Heute haben wir schon zwölf Dämmplatten angetackert. Das gibt Piratennester für uns drei.«

Nun hält es Mama nicht mehr länger aus. Ungeduldig reißt sie mir den Hörer aus der Hand und flötet »Hallo, Liebling« in die Sprechmuschel.

Oma zerrt mich in die Küche. »Lass die beiden allein weiterreden«, sagt sie. »Du hast dich großartig für uns eingesetzt. Mama wird dir eines Tages dankbar dafür sein. Aber nun müssen die beiden sich irgendwie zusammenraufen. Warten wir einfach mal ab. Wirst sehen. Das richtet sich schon.«

»Ich fang morgen mit dem Kinderzimmer an«, verkünde ich. »Denn von allein richtet sich nichts.«

Erst beim Einschlafen wird mir klar, dass ich mich auf die Zwillinge freue. Sie sind bereits meine Schützlinge. Seltsam. Vor ein paar Wochen sah das noch ganz anders aus. Und nun bin ich bereits ihre Verbündete. Ohne mich müssten sie heimatlos und fern von Oma auf dieser platten Insel aufwachsen, auf der man nasse Füße kriegt und nicht einmal Ski fahren kann. So weit darf es auf keinen Fall kommen. Ich werde hier alles für sie vorbereiten. Ein Kinderzimmer mit lustigen Bildern und all meinen Spielsachen und Puppen von früher. Den möchte ich kennen lernen, der es wagt, die Babys aus diesem Wunderland rauszureißen. Gleich morgen werde ich die Spielsachen vom Dachboden holen. Gleich morgen. Und mit diesem Vorsatz schlafe ich ein.

Ein Blick durch Mamas Bauch

»Gleich morgen« ist ein strahlender Wintertag und Jana holt mich nach dem Mittagessen zum Eislaufen auf dem zugefrorenen Hintersee ab. Das Kinderzimmer kann den einen Tag auch noch warten. Am Tag darauf hat Papa seine Praxis geschlossen und nimmt mich zum Skifahren mit. Die Papatage sind heilig. Daran will ich nichts ändern. Wieder einen Tag später haben wir Theatergruppe. Dann kommt Fasching und ich weiß nicht mehr, wo mir der Kopf steht vor lauter Verabredungen. Dann eine Serie von Schularbeiten. Zum Kotzen, aber ich muss büffeln. Da hilft nichts. Und als ich endlich wieder einen Nachmittag für mich habe und mich an meine Vorsätze erinnere, fragt Mama: »Willst du dir die Babys mal anschauen?«

»Anschauen, wie …?«

Mamas Bauch wird von Tag zu Tag dicker. Die Babys wachsen also. Aber wie soll man sie sehen können? »Meinst du ein Buch über Babys?«

Mama schüttelt den Kopf. »Mit Ultraschall kann man in den Bauch hineinschauen, ähnlich wie bei Röntgenaufnahmen. Ich hab heute einen Arzttermin. Wenns dich interessiert, kannst du mich begleiten.«

Ich war noch nie bei einer Frauenärztin. Wenn ich mal mit einem Jungen … ja, dann werde ich wohl auch dorthin müssen. Das hat zum Glück noch Zeit. In Mamas Bauch hineinzuschauen ist natürlich was anderes. Klar komm ich mit.

Im Wartezimmer sitzen drei Schwangere und unterhalten sich über Hausgeburten.

»Machen wir auch eine Hausgeburt?«, flüstere ich Mama ins Ohr. Sie schmunzelt und sagt: »Wie bei deiner Geburt? Schön wärs schon. Aber bei Zwillingen kann es schwierig werden. Da fühle ich mich im Krankenhaus sicherer.«

»Meinst du, ich kann im Krankenhaus dabei sein?« Papa hat mich schon dreimal zu Tiergeburten mitgenommen. Zwei Fohlen und ein Kälbchen habe ich zur Welt kommen sehen. Der

Bauer nannte das Kälbchen Amelie. Inzwischen ist ein ausgewachsenes Rindvieh daraus geworden, betont Papa gern.

»In den Kreißsaal – das glaube ich nicht. Da dürfen nur Erwachsene rein. Vielleicht kann ich dich zu dem Geburtsfilm mitnehmen, der gegen Ende der Schwangerschaftsgymnastik gezeigt wird.«

Ein Film, na ja, besser als nichts, denke ich. Eine echte Geburt wär mir schon lieber. Papa sagt, die Geburten seien das Schönste an seinem Beruf. Es sei jedes Mal ein wunderbares Erlebnis, einem Neuling auf die Welt zu helfen. Auch bei Tieren.

Im Behandlungszimmer schmiert die Ärztin Mamas nackten Bauch mit Gel ein. Dann fährt sie mit einem kleinen Handgerät, einem Scanner, wie sie mir erklärt, langsam über den glitschigen Bauch. Auf dem Bildschirm daneben erkennen wir verschwommene Formen, hellere und dunklere Schatten, aus denen ich nicht recht schlau werde.

Die Ärztin deutet auf die Formen und erläutert mir die einzelnen Körperteile: »Das ist ein Lungenflügel, da oben ein Köpfchen von der Seite, ein Auge, eine Hand vor dem Mund. Wahrscheinlich lutscht das Baby gerade am Daumen.«

Ich starre auf den Bildschirm, vergesse zu atmen. Es lutscht am Daumen! Wie ein Mensch! So echt ist es schon. Vom zweiten Zwilling sieht man nur ein Ärmchen nach vorne greifen. Eigentlich nur Knochen, aber trotzdem goldig. Als ob sie sich umarmen würden. Wie schön, dass sie zu zweit sind. So werden sie sich niemals einsam fühlen.

Die Stimme der Ärztin holt mich aus meinen Gedanken heraus. »Das Geschlecht der beiden kann man im Moment nicht erkennen«, bedauert sie. »Aber die Fruchtwasseruntersuchung hat Ihnen darüber ja Auskunft gegeben.«

Mama, die ebenso gebannt wie ich die Bilder am Bildschirm verfolgt, sagt: »Das Geschlecht der Babys wollen wir noch gar nicht wissen. Da lassen wir uns lieber überraschen.«

»Ich wüsste schon ganz gern …«, mische ich mich ein. Obwohl, wenn es dann entgegen unseren Hoffnungen Buben wären …

52

Dann müssten wir uns auf Monster einstellen. Oma würde ihre rosa Strickgarnituren auftrennen und mit Blau neu beginnen. Und Monster, die mit meinen Puppen spielen … Nein, ich wills doch nicht wissen. Lieber lege ich daheim die Engelskarten. Daraus kann man wahrsagen, aber nicht so knallhart.

Nach dem Abendessen hole ich die fünfzig Engelskarten heraus. Auf jeder Karte steht ein Wort. Wörter wie *Tatkraft, Erleuchtung, Trost, Fantasie*. Ich breite sie mit der Rückseite nach oben vor uns aus. Jeder zieht eine Karte und dreht sie dann um. Jeder kann selbst entscheiden, wie er den gezogenen Begriff deuten will. Ich ziehe *Wille*, Mama *Freiheit*.

»Wille«, sage ich, »mein Wille geschehe. Ich will zwei Schwestern.«

»Freiheit?«, fragt Mama ungläubig. »Mit demnächst sieben Mann an Bord. Das muss ein Irrtum sein.«

»Sieben Mann an Bord«, äffe ich sie nach. »Du redest schon wie unsere Nordlichter. Freiheit bedeutet natürlich, dass du frei entscheiden kannst. Du kannst hier bleiben. *In den Bergen wohnt die Freiheit*, heißt es in einem Alpenvereinslied.«

Wir summen das Lied, es geht uns den ganzen Abend nicht mehr aus dem Kopf. Ein Ohrwurm. Entsetzlich schnulzig. Aber schön. Ich bin froh über die Engelskarten. Ab heute werde ich mit Mama jeden Abend die Karten ziehen. Damit bei unserer Zukunft alles wunschgemäß verläuft. Sonntagskinder haben magische Kräfte, sagt Oma. Sie können Berge versetzen. Ich bin ein Sonntagskind und habe mit meinem Willen schon viel erreicht. Man muss bloß ganz fest an das glauben, was man sich wünscht. Das ist das ganze Geheimnis.

Platz für die Babys

Im März muss Mama bereits eine Rast einlegen, wenn sie die steile Treppe zu meinem Zimmer unter dem Dach hinaufgeht. Ihr Bauch wächst stündlich, wie soll das noch enden? Sie hat noch gut drei Monate Zeit bis zur Geburt und sieht jetzt schon aus wie ein wandelnder Luftballon. Als ich endlich drangehe, ihr Arbeitszimmer als Kinderzimmer herzurichten, kann sie mir nicht einmal mehr helfen. Das Bücken fällt ihr schwer, die Bücherkisten brechen ihr das Kreuz, jammert sie, und wenn sie Möbel anheben soll, ist dauernd der Bauch im Weg. So werden wir bis Pfingsten nie fertig.

»Ich bitte den Papa mir zu helfen«, schlage ich vor, was bei Mama ein Stirnkräuseln hervorruft.

»Der wird begeistert sein«, prophezeit sie mir.

Klar wird er nicht begeistert sein, für das Kinderzimmer fremder Babys Möbel zu schleppen. Das weiß ich auch. Aber wer solls denn sonst machen?

»Was hab denn ich damit zu tun?«, lautet seine Antwort, als ich ihm mit meiner Bitte um den Bart gehe. »Deine Mutter ist frisch verheiratet. Soll halt der Kindsvater herkommen und sich darum kümmern.«

»Das ist es doch, Papa. Der Harm will, dass wir zu ihm auf die Insel umsiedeln. Der verschalt mit den Jungs gerade seinen Dachboden, damit die Jungs und ich dort eigene Zimmer kriegen. Das Zimmer der Jungs soll Kinderzimmer für die Zwillinge werden. Ich will aber hier bleiben.«

»Und du meinst, die Mama richtet sich nach dem schöneren Kinderzimmer? Wie im Möbelgeschäft? So ein Schmarrn.«

Ich schlucke. »Ach Papa, das ist kein Schmarrn. Wenn ich es ganz liebevoll einrichte und wenn sie es dann jeden Tag sieht und denkt: Ist das gemütlich … Dann, also dann wird sie gar nicht anders können, als hier zu bleiben.«

»Da misch ich mich nicht ein. Das ist ihre Sache.«

»Eben nicht, Papa. Es ist auch meine Sache. Sie weiß ja eh nicht, was sie will. Aber ich weiß, was ich will. Und du, willst du etwa, dass ich wegziehe?«, frage ich mit kummervoller Stimme. Bei Papa muss man alle Mittel einsetzen.

Es wirkt. »Natürlich nicht, Spatzerl. Das weißt du doch«, versichert er.

»Na also, dann hilf mir. Tu's einfach nur für mich. Nicht für die Babys, nicht für die Mama und schon gar nicht für den Harm. Nur für mich. Wirst sehen, es nützt.«

Papa kratzt sich nachdenklich den Bart, was in der Vatersprache so viel heißt wie: Ich lasse es mir durch den Kopf gehen.

Gewonnen, juchze ich innerlich. Äußerlich gehe ich ihm noch mal kräftig um den Bart, bis es ihm zu viel wird.

»Also gut, packen wir's an.«

Er überwindet sich und holt seinen Werkzeugkasten aus der Kammer.

Mama stammelt: »Ich weiß wirklich nicht, ob das nötig ist«, als ich Papa anschleppe und er die Ärmel hochkrempelt.

Oma schmeichelt: »Hat sie dich rumgekriegt! Dafür hab ich deine Leibspeis im Herd, Bruno. Gulasch mit Semmelknödel. Kannst hinterher zum Essen dableiben.«

Bei Gulasch hellt sich Papas Miene auf. Wie gut, dass wir Oma haben. Oma vergisst nie das Naheliegende.

Es wird Mitternacht, bis wir alle Möbel abgebaut, quer durch die Etagen geschleppt und auf den Dachboden gebracht oder an anderer Stelle wieder aufgestellt haben. Mamas Arbeitszimmer richten wir ein Stockwerk tiefer in einem von Omas Gästezimmern ein. Nur die Bücher muss sie selbst einräumen. Irgendwann mal, wenn sie Lust hat. Hauptsache, das Kinderzimmer wird frei. Sie steht uns mit ihrem Bauch dauernd im Weg und Oma jammert ab zehn Uhr abends: »Macht doch morgen weiter. Das Gulasch verdampft mir zu Trockenfutter.«

Zum Glück sind Papa und ich uns einig: Das ziehen wir jetzt durch. Halbe Sachen gibt es bei uns nicht.

Als wir endlich bei Oma in der Küche über dem Gulasch sitzen, fallen mir die Augen zu. »Morgen haben wir Sport. Papa, schreibst du mir ...«

»Ausnahmsweise«, sagt er grinsend und lässt sich von Oma ein Blatt Papier reichen.

Amelie hat sich beim Möbelschleppen übernommen, begründet er die Sportbefreiung. »Aber lass dich nicht auf der Eisbahn erwischen«, ermahnt er mich zum Abschied.

Ich schaffe kaum mehr die Treppen zu meinem Zimmer hinauf. Die Eisbahn … kein Gedanke daran. Ich habe überall Muskeln und jeder einzelne davon tut weh. Schlafen, tagelang schlafen, ist mein einziger Wunsch. Ich komme mir richtig alt vor.

Vielleicht sollte ich mir das mit dem Erwachsenwerden noch mal gründlich überlegen? Wenn die Minis da sind, bin ich die Große. Dann wird es Tag und Nacht heißen: Amelie, kannst du mal und Amelie, mach mal! Oje, das wird vielleicht ein Leben! Aber die Babys kann ich jetzt nicht mehr zurückwünschen. Nicht einmal mit meinen magischen Kräften. Sie leben, ich hab sie gesehen. Sie lutschen Daumen und umarmen sich. Nein, den Babys solls gut gehen, ist mein letzter Gedanke. Dann versinke ich in einen unendlich tiefen Schlaf.

Am nächsten Tag weckt mich ein Sonnenstrahl, der durch das Dachfenster direkt auf mein Gesicht schaut. Ich blinzle zum Wecker hinüber und springe wie angestochen aus dem Bett. Fast elf Uhr, in zwei Stunden ist die Schule schon wieder zu Ende. Hat Mama mich vergessen zu wecken? Hat sie vielleicht in der Nacht die Babys geboren und kam deshalb nicht zu mir? Ihr Termin ist zwar erst zu Pfingsten, aber ihr Bauch ist so prall, dass mich nichts wundern würde. Ich eile die Treppe hinunter, werfe einen Blick in ihr Zimmer. Niemand da. Auch in den anderen Räumen nicht. In der Küche liegt ein großer Zettel auf dem Tisch.

Guten Morgen, Amelie, steht darauf. *Ich hab dich ausschlafen lassen, weil du gestern so geschuftet hast. Die Schule ist benachrichtigt. Oma wartet mit einem Superfrühstück auf dich. Bis dann! Bussis deine Mama mit Untermietern, die gerade Purzelbäume schlagen.*

Ich bin erleichtert. Wenn die Babys auf die Welt kämen, bevor ich mit ihrem Kinderzimmer fertig bin, das wäre ungünstig. Die sollen uns bloß nicht hetzen. Purzelbäume! Jetzt mal ganz ruhig, ihr beiden, beschwör ich sie in Gedanken. Ihr habt doch jede Menge Zeit. Und ich hab den schlimmsten Muskelkater meines Lebens. Wegen euch. Benehmt euch also!

Nach dem Frühstück fahre ich mit Oma Wandfarbe kaufen. Oma schlägt goldgelb vor, weil gelbe Räume auch bei Regenwetter sonnig wirken.

»Sonnig macht munter. Die schlagen auch ohne Sonne schon Purzelbäume«, sage ich im ersten Moment. Obwohl – die Vorstellung gefällt mir. Ein sonniges Zimmer macht sicher gute Laune. Wenn die Babys schlafen sollen, kann man schließlich die Vorhänge zuziehen. Omas Vorschlag wird angenommen.

Wir lassen uns vom Maler die Farbe fertig anrühren, kaufen Rolle, Pinsel und Abtropfsieb dazu und düsen nach Hause. Ich kann es kaum erwarten, mit der Malerei anzufangen. Um mir neugierige Zuschauer mit neunmalklugen Ratschlägen vom Leib zu halten, klebe ich ein Schild an die Tür: *Bitte nicht stören*. Das Schild allein nützt wenig. Ich muss auch abschließen, denn Mama kommt mindestens einmal stündlich an die Tür. »Hast du auch den Boden gut abgedeckt?«, will sie wissen. Oder: »Vergiss nicht, die Fensterrahmen mit Klebeband zu schützen.« Oder: »Pass auf deine Haare auf!« Und: »Leg doch mal eine Pause ein. Wir machen Brotzeit.«

Ich drehe meinen Kassettenrekorder auf volle Dröhnung, Rap und Hip-Hop, das hält Mama auf Abstand. Außerdem ist es ein Spitzengefühl, bei lauter Musik fette sonnengelbe Bahnen über die Wände zu streichen. Ich liebe Arbeit. Aber nur selbst gewählte, sichtbare und ungestörte. Wenn es mit Tierärztin nicht klappt, werde ich Malerin, überlege ich. Farbe ist was Tolles. Ich muss aufpassen, dass mir nicht schwindlig wird vor lauter Lust am Schaffen. Erst bei Einbruch der Dunkelheit lege ich den Pinsel nieder. Morgen beginnt das Wochenende. Zeit genug zum Weiterpinseln. Am Sonntagnachmittag beim letzten Sonnenlicht öffne ich die Tür und rufe laut durchs Haus: »Besichtigungstermin. Eintrittsgeld nicht vergessen!«

Mama und Oma kommen aufgeregt angerauscht. Drei Tage lang habe ich sie vom Kinderzimmer weggescheucht. Jetzt platzen sie fast vor Neugier. Mit offenen Mündern und tellergroßen Augen stehen sie an der Tür. Ihre Blicke gleiten langsam über die Bilder, die ich mit Wasserfarben auf die Wände gemalt habe. Sonne, Mond und Sterne in Weiß und Nachtblau, bunte Schmetterlinge, braune Hummeln, Vögel aller Art, weiße Schäfchenwolken, graue Sturmwolken, aus denen Regentropfen perlen.

»Fantastisch«, haucht Oma hingerissen.

»Amelie, du bist ja eine Künstlerin«, begeistert sich Mama. »Von wem hast du das bloß?« »Von Frederik«, sage ich ohne Zögern.

»Frederik? Meinst du Mamas Jugendfreund?« Oma äugt verschmitzt zu ihrer Tochter hin.

»Quatsch. Frederik die Maus. Meine Lieblingsgeschichte aus der Kindergartenzeit. Ich hab sie mir gut gemerkt. Man muss die Sonnenstrahlen sammeln, die Düfte und Farben der Natur. Nicht für die Schule pauken. Dann wird man ein Künstler.«

Die beiden lachen wie über einen Scherz. Dabei mache ich keine Scherze mit Erwachsenen. Das dürften sie allmählich wissen.

Mama umarmt mich. Sie kommt kaum noch an mich ran, weil ihre Untermieter im Weg sind. »Mein Spatzerl«, sagt sie mit glänzenden Augen. »Ich wusste gar nicht, was in dir alles drinsteckt. Das hast du wunderbar gemacht. Wirklich. Wir sollten dein Talent fördern. Hättest du Lust auf privaten Zeichenunterricht?«

»Bloß nicht!«, wehre ich entsetzt ab. »Noch mehr Unterricht, das fehlt mir noch. Der verdirbt einem die ganze Lust an der Sache. Nein, nein. Aber einen neuen Malkasten könnte ich brauchen.«

»Den sollst du haben«, verspricht Oma. »Mit richtigen Künstlerfarben und einer Staffelei wie für einen Profi. Und jetzt kommt Kaffee trinken, ihr zwei. In meinem Backrohr brutzelt nämlich ein Mohnstrudel.« Jedes Mal, wenn ich an diesem Sonntag durch die Diele gehe, sehe ich Mama mit versonnenem Blick im Kinderzimmer stehen. Ich glaube, meine Arbeit erfüllt ihren Zweck. Sie gibt Mama das Gefühl, dass die Zwillinge hierher gehören, in dieses Zimmer, und nirgendwo andershin.

Mama will bemuttert werden

Als der Kurs für die Schwangerschaftsgymnastik beginnt, beglei-te ich Mama. Sie will mich neuerdings überall dabeihaben. Sie fühle sich sicherer mit mir, behauptet sie. Außerdem möchte sie die Zeit mit mir genießen, solange wir noch zu zweit sind. Zehn Wochen haben wir noch für uns und dann: Nie mehr nur Mama und ich. Nie mehr ihre Kleine. Nie mehr gemütliche Sonntags-frühstücke mit ihr im Bett. Dieses Niemehr macht mich traurig. Ich muss dann schnell an etwas anderes denken, etwas Schönes. Zum Beispiel, wie ich den Babys das Fläschchen gebe. Das stelle ich mir schön vor.

Mama hat von allen Frauen in dem Schwangerenkurs den dicks-ten Bauch. So dick, dass sie mittlerweile nicht mehr zu ihren Schuhbändeln runterkommt. Deshalb hat sie mich wohl auch mitgenommen, schwant mir. Damit ich ihr die Schuhe ausziehe und Wollsocken überstreife. Einige Frauen haben ihre Männer dabei. Find ich blöd.

»Was haben Männer bei Schwangerschaftsgymnastik verloren?«, flüstere ich Mama ins Ohr.

»Wegen der Geburtsvorbereitung«, flüstert sie zurück. »Die Män-ner sollen sich nicht so hilflos fühlen, wenn sie ihre Frauen in den Kreißsaal begleiten.«

Ein Paar hält Händchen. Ein Mann massiert die Fußballen sei-ner Frau. Das kitzelt doch, denke ich. So einen möchte ich bei der Geburt nicht dabeihaben. Wir legen uns alle auf Bodenmat-ten. Eine Dimmerlampe taucht den Raum in schummriges Licht. Ein Duftlämpchen hilft, den Schweißgeruch der Nachbarfüße zu ertragen. Die Kursleiterin spricht von verschiedenen Atem- und Entspannungsübungen. Ins Becken atmen, sagt sie mit samtiger Stimme.

»Wo ist ein Becken?«, flüstere ich Mama zu.

Sie tippt mich an der Hüfte an. Ach so, das ist gemeint. Ins Becken atmen, langsam loslassen, schwer werden. Was soll der Schmarrn? Ich wiege zweiundvierzig Kilo, mehr wirds heute nicht. Und

Mama ist schwer genug. Überhaupt: Wo bleibt die Gymnastik? So etwas wie Jazzgymnastik und Aerobic habe ich mir vorgestellt. Aber das hier ist zum Einschlafen.

In der Pause wache ich auf. »Das ist ja sterbenslangweilig«, sage ich zu Mama. »Nimms mir nicht übel. Ich dreh eine Runde durchs Krankenhaus.«

»Warte!« Sie hält mich zurück. »Ich verdrücke mich auch. Eigentlich kann ich das alles noch von deiner Geburt.«

Im Vorraum fällt mir eine Pinnwand auf mit Angebots- und Suchanzeigen für Babyausstattung. »Zwillingskinderwagen, Gitterbetten, Wippen …«, lese ich vor.

Mama notiert sich einige Telefonnummern und dann streben wir dem Ausgang zu. Endlich frische Luft.

»Weißt du was?«, sagt sie, als wir im Auto sitzen. »Ich hab Kohldampf. Gehen wir 'ne Pizza essen.«

Sie bestellt sich die größte und ist nach drei Bissen satt. So sind schwangere Mütter. Immer gelüstig und dann machen sie schlapp. Wie verwöhnte Kinder. Ich dürfte mich nicht so benehmen.

»Dir boxen auch nicht zwei Untermieter gegen den Magen«, jammert Mama, als ich sie strafend angucke. »Sobald ich zur Ruhe komme, fängt da drin der Zirkus an. Da, fühl mal!« Sie legt meine Hand auf ihren Bauch.

Puhh, die Minis sind wirklich keine Dumpfbacken. Die zoffen sich ganz gewaltig. In den wildesten Momenten kann man das Gerangel sogar sehen. Dann hüpft ihr Bauch und beult sich aus wie ein Trampolin von unten.

»Die treiben Schwangerschaftsgymnastik da drinnen«, stelle ich fest. »Ich glaube, auf den Kurs kannst du verzichten. Die Babys erledigen das für dich.«

»Das Gefühl habe ich auch. Wir fahren lieber heim. Ich ruh mich aus und geh früh schlafen. Bald wird es vorbei sein mit den erholsamen Nächten. So wie ich die Gören einschätze, werden das schlimme Nachtgespenster.«

»War ich auch ein Nachtgespenst?«

»Du warst eine richtige Schlafmütze. Das Bett war dein Lieblingsplatz. Allerdings das große Elternbett mit der Brust in Reichweite.«

»Erzähl ein bisschen«, bettle ich, als wir zu Hause sind, obwohl ich mir die Geschichten schon hundertmal habe erzählen lassen. Wenn ich mit ihr noch einen gemütlichen Abend haben will, muss ich solide werden. Da hilft nichts. Denn nach dem Abendessen verschwindet sie ins Bett.

Ich schlüpfe zu ihr unter die Decke, kuschle mich an den Babybauch und verfolge die Geschichten in den Fotoalben, die wir um uns herum ausgebreitet haben.

An manchen Abenden überlegen wir Namen für die Babys, und wenn das Telefon läutet und Harm gute Nacht sagen will, teilen wir ihm den neuesten Stand in der Namenwahl mit.

»Wie findest du Marion und Maresi?«, flötet Mama in den Hörer.

»Nicht so schön wie Mareike und Merrit«, tönt es zurück.

»Ach, du mit deinen Friesennamen. Die passen doch nicht zu Steinbichler«, erinnert ihn Mama.

Meistens kommen dann die Jungs angerannt und geben ihre Meinung zum Besten.

»Butch Cassidy and the Sundance Kid«, ulkt Matjes.

»Spinner! Du siehst zu viele Filme.«

Der Witzbold nimmt uns nicht ernst. »Wie wärs denn mit Knut und Kevin?«, lautet sein nächster Vorschlag.

»Knut zu heißen ist eine Strafe und Kevin heißt die Dogge meines Mathelehrers. Daran möchte ich nicht jeden Tag erinnert werden. Außerdem werden es keine Buben, wette ich. Wir brauchen Mädchennamen.«

»Es werden Jungs und sie heißen Malte und Finn«, meldet sich Hering.

»Malte und Finn, wie Malzbier und Gin. So heißen Säufer. Es werden Mädchen und ich nenn sie Janine und Nadine.«

»Iiih, du siehst zu viel *Gute Zeiten, schlechte Zeiten*«, lästert Matjes.

»Schön wärs! Aber ich komm ja kaum mehr zum Fernsehen, seitdem Mama mit den Hühnern ins Bett geht.«

»Und du armes Kücken musst vor ihr in die Koje, was?« Matjes kichert und lässt mich nicht zu Wort kommen. »Ihr Bayern legt Wert auf Zucht und Ordnung, ich wusste es. Darum bleiben wir hier bei den Wikingern. Im Land der Gesetzlosen.«

»Blödmann«, fahre ich ihn an. »Das hat nichts mit Bayern zu tun. Nur mit Mama. Die ist hilflos wie ein Käfer auf dem Rücken. Ohne mich wär sie aufgeschmissen. Sie kriegt nicht einmal mehr ihre Beine allein auf die Matratze hoch.«

»Wieso? Ist sie verletzt?«

»Sie ist schwanger, du Irrläufer, und hat Beine dick wie Regentonnen«, blaffe ich. Die Brüder haben keinen blassen Schimmer vom wirklichen Leben. Von Müttern mit Untermietern, die jeden Moment platzen können und jemanden brauchen, der ihnen das Bücken abnimmt. Und alles andere auch.

»Gehts dir nicht gut, Liebste?« Jetzt ist Harm wieder am Hörer und wirkt sehr besorgt.

»Doch, doch, es ist alles in Ordnung«, zwitschert sie wie ein junges Mädchen, obwohl sie wie ein nasser Sandsack an mir lehnt und mir Zeichen macht, den Spucknapf zu holen.

Aha, wieder mal Sodbrennen, denke ich. Die Babys drücken auf den Magen. Auch davon haben Harm und die Jungs keine Ahnung, als sie vom neuesten Stand ihrer Dachzimmer berichten. Sie seien fertig verschalt, es fehle nur noch der blaue Teppichboden. Dann könne es losgehen.

»Na ja, dann macht mal los. Ihr kennt ja die Richtung. Vor Salzburg rechts ab und dann immer bergauf.«

»Blaah, blaah«, raunzen die Jungs, und bevor wir zu weiteren Verhandlungen Luft holen, scheucht Harm sie vom Telefon weg und ich verschwinde ebenfalls. Das Gesäusel zwischen den Großen mag ich mir nicht anhören.

Als ich später wieder zu Mama ins Bett schlüpfe, verkündet sie mir strahlend: »Harm kommt über die Osterfeiertage. Der wird Augen machen, wenn er das Kinderzimmer sieht!«

Das hoffe ich. Vor allem hoffe ich, dass er die Botschaft des Zimmers versteht. Die Baby gehören hierher. Hoffentlich kapiert er das.

Natürlich kapiert er nichts. Als ich ihm das Kinderzimmer vorführe, ist er zwar begeistert von meiner künstlerischen Leistung, aber sonst?

»Da werden sich die Zwillinge wie zu Hause fühlen, wenn wir Oma besuchen«, versichert er mir.

»Wieso die Oma besuchen? Wir wohnen hier. Oder glaubst du, wir lassen die Oma im Stich?«

Ich werfe Mama einen strengen Blick zu. Jetzt bist du dran. Sag endlich, was wir wollen. Sie versteht diesen Blick sehr wohl und ergreift Harms Hand.

»Komm, Schatz, lass uns einfach noch mal in Ruhe über die Sache reden«, beginnt Mama vorsichtig und ich lasse die beiden allein. *Den* Kampf muss sie ohne mich ausfechten. *Sie* hat ihn geheiratet.

Doch als Harm uns fünf Tage später schweren Herzens wieder verlässt, scheint sich für ihn nichts geändert zu haben.

»Macht es mir nicht so schwer, Mädels«, sagt er zum Abschied. »Ich verspreche euch, wir werden alle Ferien bei Oma verbringen. Das sind viele Wochen im Jahr.«

Ich sag nichts dazu. Aber weichen werde ich nicht. Nicht einen Schritt. Mit den Zwillingen werde ich mich im Babyzimmer verschanzen. Dann werden wir schon sehen …

Mitten in der Nacht

Nach Harms Abfahrt ist Mama traurig und nervös. Wie ein Tier im Käfig läuft sie in der Wohnung herum und lässt lange Seufzer in der Luft hängen.

»Ich brauch Bewegung«, sagt sie am Nachmittag. »Kommst du mit?«

Wir gehen durch den Zauberwald zum Hintersee. Sie muss alle paar Schritte stehen bleiben und ihr Kreuz bewegen. Auf der dünnen Eisschicht des Sees spiegelt sich die Frühlingssonne. Enten schwingen sich aus den Eislöchern hoch und durchbrechen die Stille mit ihrem Kreischen.

»Wo bleiben eigentlich die Enten im Winter, wenn der See vollständig zugefroren ist?«, frage ich Mama.

»In fließenden Gewässern, im Bach. Irgendwo gibts immer einen Ausweg«, sagt sie verträumt, als wären ihre Gedanken weit weg.

»Dann gibts für uns auch einen Ausweg, oder?«

»Klar, man muss nur dem Leben vertrauen. Manches Problem löst sich von allein. Ich will mir jetzt gar nicht über die Zukunft den Kopf zerbrechen. Will nur die nächsten Wochen gut überstehen und zwei gesunde Babys auf die Welt bringen. Das ist doch genug für eine Person. Meinst nicht?«

Wie sie so kugelrund und schwer atmend vor mir steht, die Hände vor ihrem Umhang gefaltet, um den Bauch zu entlasten, tut sie mir Leid. Wie hält sie bloß das Gewicht aus? Wenn sie vornüberkippt, ich würde sie gar nicht wieder hochbringen. Vielleicht hat sie Recht damit, nur an die nächste Etappe zu denken.

»Gehen wir lieber wieder heim«, schlage ich vor, weil ich Angst habe, sie könnte hier mitten im Wald auf dem matschigen Weg ausrutschen und umkippen.

Sie hat aber keine Lust auf zu Hause, wo ihr die Decke auf den Kopf fällt, wie sie sagt. Und außerdem täte den Untermietern die frische Luft gut. Wir umrunden also den ganzen See und brauchen Stunden dafür. Wie Omas Kurgäste mit ihren Hühnerau-

64

gen. In der Seeklause muss sie aufs Klo und ich bestelle zwei Eisbecher.

Auf dem Heimweg einigen wir uns für heute auf Lea und Leonie, nachdem wir die Namen in jeder Tonlage ausprobiert haben. Erst liebevoll murmelnd, so in der Art »Lealein« und »Leonieschatzerl«. Dann rufend: »Leeeaaa! Leoooniiie!« Und zuletzt als Standpauke: »Lea! Leonie! Jetzt ist Schluss mit dem Unfug!«

Es passt. Zufrieden kehren wir heim. Mama nimmt ein Bad, weil sie alle Bänder spürt, wo auch immer die sein sollen. Oma kommt mit einer Markklößchensuppe zu uns hoch, bevor sie mit einer Freundin nach Salzburg in die Oper fährt. Sie hat sich in Schale geworfen und duftet wie ein Fliederbusch.

Dann ruft Harm an. Er ist gut auf seiner Insel angekommen. Mama atmet auf und wälzt sich ins Bett. Nach *Gute Zeiten, schlechte Zeiten* folge ich ihr unter die Decke. Ich nehme mein Buch mit. Es heißt *Clara gibt nicht auf* und handelt von einem Mädchen, das wie ich ein Pflegepferd hat und Tierärztin werden will. Bei Seite 89 spüre ich plötzlich was Nasses neben mir. Ich lüfte die Decke und schaue nach, ob die Wärmflasche vielleicht undicht ist. Die Wärmflasche liegt abseits am Fußende, weit weg von dem nassen Fleck. Der nasse Fleck kommt von Mama, das sieht ein Blinder. Ich kanns nicht fassen. Sie schämt sich nicht einmal. Sie schlummert seelenruhig wie ein Unschuldsengel, während sich der Fleck neben ihr lautlos ausbreitet.

»Mama! Geh aufs Klo!«

Ich rüttle an ihrer Schulter. Alles was recht ist. Ich weiß ja, dass die Babys auf ihre Blase drücken und dass sie deshalb alle naslang pinkeln muss. Aber doch nicht ins Bett! Was sind das für Sitten? Mein Rütteln lässt sie hochschrecken. »Was ist denn los?«, murmelt sie schlaftrunken.

»Du hast ins Bett gepisst.« Als Zeichen meiner Empörung rücke ich angewidert von ihr ab.

Schwerfällig hievt sie sich hoch, reibt sich die Augen. Dann sieht auch sie den Fleck zwischen ihren Beinen. Plötzlich ist sie hellwach, beugt sich über den Fleck und beschnüffelt ihn. Dann erstarrt sie. »Ich hab nicht gepisst«, flüstert sie. »Das riecht anders. Meine Fruchtblase ist geplatzt.«

»Egal, ob Pipi oder Fruchtblase. Ein nasses Bett ist eklig.« Ich beginne, das Laken unter ihr wegzuziehen. »Steh wenigstens auf«, murre ich, als sie wie ein Stein liegen bleibt.

»Ich darf mich nicht bewegen. Ruf den Notarzt.«

»Den Notarzt?« Jetzt bin ich diejenige, die erstarrt. »Wieso, was ist denn los?«

»Ohne Fruchtwasser liegen die Babys wie in einer leeren Badewanne. Ganz ungepolstert. Das ist gefährlich. Ich muss sofort ins Krankenhaus«, sagt sie seltsam tonlos. An ihrer Stimme merke ich, dass es ernst ist.

»Ich ruf den Papa an.«

»Der kann mir auch nicht helfen«, ruft sie mir nach, als ich zum Telefon in der Diele sause. »Wähl einfach fünfmal die Zwei, das ist der Rettungswagen.«

»Nein«, sträube ich mich. »Zuerst Papa.« Ich wähle Papas Nummer. Es ist kurz nach zehn. Nach dem vierten Klingeln nimmt er ab.

»Du musst sofort kommen, Papa!«, schrei ich in die Leitung. »Mamas Blase ist geplatzt.« »Hol die Oma«, sagt er gähnend. Aus dem Hintergrund dringen die Geräusche einer Sportübertragung an mein Ohr. Klingt nach Eishockey.

»Die ist in Salzburg«, sage ich. »In der Oper.« Er brummelt irgendetwas Unverständliches und dann fragt er: »Habt ihr den Notarzt schon gerufen?«

»Nein, mach du das. Aber komm dann gleich«, flehe ich ihn an. »Ich will nicht allein da sein, wenn sie die Mama abholen.«

Zehn Minuten später ist er da. Er hat eine Stinklaune. »Mitten im Endspiel Kanada – Finnland«, meckert er an Mamas Bett und schüttelt den Kopf. »Du hättest doch noch sechs Wochen Zeit, oder?«

»Ich hab mir den Zeitpunkt nicht ausgesucht, verflucht noch mal«, faucht sie ihn an, und er lenkt schnell ein: »Ist ja gut. Entspann dich wieder und lass mich mal schauen.«

Er tastet Mamas Bauch ab, wie er das bei den Kühen macht, dann runzelt er die Stirn. »Steißlage. Könnt problematisch werden.« Oje, denke ich, dann liegen die Babys also verkehrt herum. Mit den Füßen voraus.

»Kannst du sie nicht umdrehen?«, schlage ich vor. »Das Kälbchen Amelie hast du auch umdrehen müssen und es hat geklappt.«

»Um Gottes willen«, kreischt Mama. »Ich bin doch keine Kuh. Amelie, pack lieber meine Reisetasche fürs Krankenhaus. Den Waschbeutel und ein paar Nachthemden. Und den Bademantel. Und meine Hausschuhe. Und …«

In dem Moment hören wir in der Ferne das Tatütata des Rettungswagens näher kommen und kurz darauf quietschende Reifen vor der Haustüre. Drei Männer in weißen Kitteln springen heraus.

Papa führt sie in unsere Wohnung hinauf und erklärt knapp, was Sache ist: Zwillinge, sechs Wochen zu früh, Blasensprung, Steißlage.

»Nicht bewegen!«, mahnt einer der Männer, als Mama sich aufrichten will. »Jede Erschütterung kann den Babys schaden.«

Sie heben sie auf eine Trage, legen eine Decke über ihr luftiges Nachthemd und tragen sie vorsichtig die Treppe hinunter.

»Die Reisetasche, Amelie!«, ruft Mama mir zu, als sie in den Wagen geschoben wird.

Mir bleibt keine Zeit, um ihr viel Glück zu wünschen. Kaum habe ich die Reisetasche durch das offene Seitenfenster gereicht, düst der Rettungswagen los. Das kalte Blaulicht schießt zuckende Blitze in den Nachthimmel ab. Kurz danach heult das Martinshorn auf. Mir geht das Jaulen durch und durch. Mama liegt da drin. Sie sieht zwar nicht todkrank aus, aber trotzdem. Mit Blaulicht ist es immer ernst. Ich hab ihr nicht einmal ein Bussi zum Abschied gegeben.

»Ob wir's schaffen, dem Rettungswagen hinterherzujagen? Du bist doch ein schneller Fahrer, Papa.«

»Jetzt? Schmarrn! Du schreibst am besten der Oma eine Nachricht und dann rufst du Harm an. Er soll den nächsten Flieger

nehmen. Und du übernachtest heute bei mir. Ich mag dich nicht
allein lassen, bis die Oma heimkommt.«

»Und ich mag Mama nicht allein ins Krankenhaus fahren lassen.
Wenn du ihr Auto nimmst, können wir gleich los.«

Ich flitze in Omas Wohnung wegen der Nachricht. Papa kommt
mir finster nach. »Ruf den Harm an«, erinnert er mich, als ich
nach meinem Anorak greife.

Harm meldet sich schlaftrunken. Als er erfährt, was geschehen
ist, ist er sofort hellwach. Er will, dass ich ihm alles haarklein be-
richte. Aber ich habe keine Zeit für ausführliche Telefongesprä-
che. Ich will ins Krankenhaus.

»Grüß Mama von mir und richte ihr aus, ich werde bis morgen
Mittag bei ihr sein«, sagt er zum Abschied.

Papa steht im Flur, unbeweglich wie ein Stein. »Also, ich fahr
jetzt nicht ins Krankenhaus. Mitten in der Nacht. Das hat Zeit bis
morgen früh.« »Ich fahr«, sage ich entschlossen. »Wenn du nicht
willst, wecke ich die Nachbarn. Der Rudi fährt mich bestimmt.«

Der Rudi geht mit ihm klettern. Es wäre ihm peinlich, wenn ich
dem erzählen würde, dass Papa mich im Stich gelassen hat. Das
sehe ich seiner Miene an.

Er zieht verärgert die Augenbrauen hoch, dann gibt er sich einen
Ruck. »Töchter«, sagt er verdrossen. »Zum Verrücktwerden! Bin
ich froh, dass ich bloß eine von der Art hab. Mach dich fertig. Ich
hol mein Auto.«

Gratuliere, zwei Stammhalter!

Aufgeregt schwinge ich mich neben Papa auf den Beifahrersitz. Mamas Rettungswagen ist natürlich längst über alle Berge. Die Landstraße nach Berchtesgaden windet sich wie ein düsterer Tunnel durch die Nacht, an nassen Felswänden und reglosen Waldstücken vorbei, gespenstisch und einsam. Nur selten kommt uns ein anderes Fahrzeug entgegen, blendet uns kurz und überlässt uns wieder der Stille der Nacht. Papa ist schweigsam und konzentriert, aber nicht sonderlich eilig.

»Gib Gas, Papa!«, drängel ich. Mir geht alles zu langsam. In den Filmen fahren die Väter Rallye, wenn ihre Frauen Babys bekommen. Sie jagen mit Volldampf an roten Ampeln vorbei, verscheuchen Fußgänger laut hupend vom Zebrastreifen und schalten die Gänge rauf und runter, dass es kracht. Doch mein alter Herr hat die Ruhe weg. Sind ja nicht seine Babys, um die es geht, natürlich. Aber meine Schwestern. Ich will dabei sein, wenn es spannend wird. Wenigstens vor der Kreißsaaltüre stehen und ihren ersten Schrei hören. Vielleicht sogar durchs Schlüsselloch spähen … Das dürfte doch eigentlich nicht verboten sein.

Ob Mama schlimme Schmerzen hat? Geburtswehen könne man sich nicht vorstellen, hat sie mir erzählt. Und das sei gut, denn sonst würde keine Frau mehr ein Kind kriegen wollen. Aber sobald das Baby geboren sei, seien die Schmerzen vorbei und vergessen.

Diesmal muss sie mehr aushalten. Zweimal dasselbe kurz hintereinander. Das muss hart sein. Ich kann mich noch gut an eine Zahnbehandlung erinnern, als der Zahnarzt zwei Löcher gebohrt hat. Nach dem ersten Loch war nichts vorbei und vergessen. Im Gegenteil. Ich bekam Panik, weil ich wusste, was ich gleich noch einmal aushalten muss. Arme Mama. Vielleicht nützt es ihr, wenn ich ganz fest an sie denke.

Im Krankenhaus vergesse ich für kurze Zeit an sie zu denken, weil es spannend wird. Papa bittet den Pförtner, auf der Entbindungsstation nachzufragen, ob wir raufkommen können.

»Ihre Frau liegt im OP«, erfahren wir. »Warten Sie im Besucher-
raum.«

»Das hab ich mir gedacht«, sagt Papa, während wir einen Flur
entlanggehen. »Sie machen einen Kaiserschnitt.«

»Ist das schlimm?«, will ich wissen.

Er schüttelt den Kopf. »Für die Zwillinge ist es besser. Für die
Mutter in dem Fall auch. Bloß dumm, dass es sechs Wochen zu
früh ist. Da werden die Babys in den Brutkasten müssen.«

Brutkästen scheinen was Unangenehmes zu sein, weil Papa so
ein ernstes Gesicht macht. Ich kann mir nichts darunter vorstellen. Man nennt sie auch Wärmebetten, erklärt er, da es die Babys
in diesen Brutkästen so warm wie im Mutterbauch hätten. Er
raucht eine Zigarette nach der anderen, während er unruhig auf
und ab geht. Wärmebett klingt eigentlich ganz gemütlich, denke
ich. Aber irgendeinen Haken muss so ein Wärmebett haben,
sonst wäre Papa entspannter.

Wir sind die einzigen Besucher in diesem Raum. Eine Wanduhr
über der Tür tickt bei jeder Bewegung des Minutenzeigers. Bei
jedem Ticken schaue ich auf das Zifferblatt. Was wie eine Ewig-
keit wirkt, ist in Wirklichkeit immer nur eine Minute. Ich schlie-
ße die Augen und zähle leise die Sekunden, um zu überprüfen,
ob die Uhr stimmt. Sie stimmt. Leider.

Als ich aufhöre auf den Minutenzeiger zu achten und an Mama,
Babys und Wärmebetten zu denken, als mein Kopf leer wird und
langsam nach vorne sinkt, geht plötzlich die Tür auf. Wie durch
einen Nebel höre ich jemanden zu Papa sagen: »Gratuliere, Herr
Steinbichler. Zwei Stammhalter.«

Stammhalter – damit sind wohl Buben gemeint, ist der letzte Gedanke, der in dieser Nacht durch meinen Kopf schwirrt. Ich bin
so müde, dass mir alles egal ist. Irgendwie schleppt Papa mich
zum Auto. Ich rolle mich auf die Rückbank, die nach Pferdestall
riecht, und fühle mich wie in einem Wärmebett. Das Brummen
des Motors wiegt mich in den Schlaf.

Ein Pakt mit dem Schicksal

Am nächsten Tag sind immer noch Osterferien. Ich könnte eigentlich ausschlafen. Aber irgendeine Unruhe lässt mich früh aufwachen. Da war doch etwas … gestern Nacht. Ich muss ein paar Sekunden nachdenken. Dann fällt es mir wieder ein. Die Zwillinge sind geboren. Das war es. Die Zwillinge … Hat der Arzt nicht was von Stammhaltern gesagt? Das hieße dann ja Buben. Ich will es nicht glauben. Bestimmt habe ich mich verhört, todmüde wie ich war. Mit einem Satz springe ich aus dem Bett. Papa sitzt bereits in der Küche beim Frühstück und blättert in der Zeitung.

»Papa, mir geistert dauernd das Wort Stammhalter durchs Hirn. Sag, dass das nichts zu bedeuten hat. Bitte!«
Papa lacht trocken auf, dann sagt er grinsend: »Das war schon witzig heute Nacht. Der Arzt hat mir zu den zwei Stammhaltern gratuliert. Mir! Das muss man sich vorstellen. Ha! Das hätte mir grad noch gefehlt!«
Papa lacht immer noch in sich hinein, aber ich finde das nicht witzig. Buben! Ich muss an das Monster Rafael denken. Eine schöne Bescherung. Wahrscheinlich brüllen sie schon um die Wette.
Als Papa merkt, dass ich seinen Humor nicht teile, wird er wieder ernst. »Sie sind bloß leider in keiner guten Verfassung, die beiden Buben. Es war einfach noch zu früh«, sagt er.
»Hast du sie gesehen?« Ich kann mich nämlich an nichts erinnern.
»Nein. Zu den Neugeborenen durfte keiner rein. Die mussten erst einmal medizinisch versorgt werden. Beide haben ziemliches Untergewicht. Der Kleinere muss vorerst sogar künstlich beatmet werden, weil seine Lunge noch nicht voll leistungsfähig ist.«
»Dann gucken wir sie uns jetzt gleich an, gell?« Künstliche Beatmung hab ich noch nie gesehen. Das macht mich neugierig. Aber Papa winkt ab und sagt, er müsse gleich die Praxis aufmachen. Ich solle mit Oma ins Krankenhaus fahren.
Oma erwartet mich bereits. Sie ist total aufgeregt.

»Harm hat von Hamburg aus angerufen«, erzählt sie mir. »Er nimmt die nächste Maschine nach Salzburg. Wir sollen ihn am Flughafen abholen.«

Flughäfen finde ich toll. Ich könnte stundenlang zuschauen, wie die Flugzeuge starten und landen. Aber heute wird wohl keine Zeit dafür sein.

»Wär ich nur gestern nicht in die Oper gefahren«, jammert Oma im Auto.

»Vielleicht hätte sie dann keinen Blasensprung gehabt, die arme Mama. So was passiert immer im ungünstigsten Moment. Immer wenn keiner daheim ist.«

»Also hör mal, Oma! Ich war schließlich da«, erinnere ich sie ungnädig, aber sie hört mir gar nicht richtig zu. Mit ihren Gedanken ist sie bei der armen Mama, bei der ein Kaiserschnitt nötig war, und bei den armen Bübchen, die zu früh ins raue Leben befördert wurden.

So rau finde ich unser Leben eigentlich nicht. Die Frühlingswärme lockt Krokusse und Osterglocken hervor und das Kinderzimmer der Babys erstrahlt so freundlich in der Morgensonne, dass die Zwillinge sich hier sicher bald sehr wohl fühlen werden.

Wir suchen Mama auf der Wöchnerinnenstation auf. So heißt die Abteilung, in der die frisch gebackenen Mütter und ihre Neugeborenen liegen. Oma hat einen kleinen blauen Veilchenstrauß für Mama gekauft – blau für Buben, hat sie gesagt. Für Mädchen hätte es viel mehr Auswahl gegeben: rosa Rosen, rosa Nelken und Tulpen …

Mama liegt mit zwei anderen Müttern in einem Zimmer. Beide haben ihre Säuglinge zu sich ins Bett geholt und beschäftigen sich ganz verliebt mit ihnen. Mama döst allein vor sich hin. Sie ist blass und traurig und verzieht das Gesicht, sobald sie sich bewegt. Sie zeigt uns ihre Operationswunde. Iih, sieht die roh und hässlich aus.

»Hast du die Babys schon gesehen?«, frage ich sie.

»Ja. Man hat mich heute früh einmal zu ihnen rübergeschoben, in das Frühchenzimmer«, sagt sie.

»Und, wie sehen sie aus? Haben sie schon Haare?«, will ich wissen.

Mama schüttelt wortlos den Kopf. Ihre Augen schwimmen in Tränen. Oma tätschelt ihr die Wange und flüstert ihr zu: »Wird schon werden. Hauptsache, sie leben. Amelie und ich werden die beiden jetzt erst mal begrüßen, gell?«

Eine Krankenschwester begleitet uns zum Frühchenzimmer und will wissen, ob wir ganz gesund sind. »Keine kribbelnde Nase? Kein kratzender Hals?«, forscht sie nach. »Die Frühchen sind so empfindlich, ein Schnupfen könnte sie umbringen.«

Ich bin froh, ehrlich verneinen zu können. Man ist ja schließlich neugierig und möchte keinen Tag warten, um seine Geschwister kennen zu lernen.

In einem Vorraum reicht sie jedem von uns einen Kittel, Kopfschutz, Mundschutz und Aids-Handschuhe zum Überziehen, so dass wir uns nicht mehr vom Krankenhauspersonal unterscheiden. Dann führt sie uns durch eine Desinfektionsschleuse und dann befinden wir uns endlich bei den Babys. Auf den ersten Blick sehe ich nur blinkende Anzeigen und Monitore. Es wirkt gar nicht wie ein Säuglingszimmer. Eher wie eine Raumstation. Dabei habe ich mir doppelt gepolsterte Wiegen vorgestellt, als Papa von Wärmebetten sprach. Auf den zweiten Blick erkenne ich die Brutkästen aus Glas. Über jedem gläsernen Kasten hängt ein Tropf, Schläuche hängen da, wo bei Wiegen bunte Mobiles hängen, und neben dem einen Kasten steht eine pumpende Maschine. Oma und ich stehen ganz stumm zwischen all den Apparaten. Die Babys geben keinen Ton von sich.

Doch keine Monster, denke ich ohne Erleichterung. Jetzt wäre mir lieber, die beiden würden brüllen wie die Weltmeister. Das wäre nicht so gespenstisch.

»Schau sie dir ruhig genau an, deine beiden Brüderchen«, ermutigt mich die Säuglingsschwester, weil ich mich nicht vom Fleck rühre. »Der hier ist der Kleinere.« Sie führt mich an den Kasten neben der Pumpmaschine. »Er muss künstlich beatmet werden, der kleine Spatz. Seine Lunge ist noch ein bisschen schwach.«

Meine beiden Brüderchen. Ich stehe zwischen den beiden Brutkästen, schaue mal auf das eine, mal auf das andere Baby. Jetzt
weiß ich, warum Mamas Augen in Tränen schwammen. Ich hab
noch nie so was Trauriges gesehen wie meine beiden Zwillings-
brüder. Beim Ultraschall vor zwei Monaten waren sie so ein hüb-
scher Anblick, einer den Arm um den anderen gelegt. So brüder-
lich verbunden. Und nun liegen sie wie gerupfte Vögelchen in
ihren einsamen Betten, ganz verloren zwischen all den Schläuchen. Ihre winzigen Körper sind mager wie Skelette und versinken in den Windeln. Die dunklen Augen sehen mich an, dass ich
es kaum ertrage. Als wüssten sie, was ich Schlimmes über kleine
Brüder gedacht habe.

»Darfst sie auch streicheln, weil du ihre Schwester bist«, sagt die
Krankenschwester und zeigt mir, wie ich es machen soll. Beide
Füßchen massieren, um die Reflexe anzuregen. »Und die Oma
massiert den anderen«, fordert sie Oma auf. »Das tut den Babys
gut. Sie brauchen viel Hautkontakt, um zu gedeihen.«

»Werden sie durchkommen?«, fragt Oma mit zitternder Stimme.
Ich kann spüren, wie sie sich zusammenreißt.

Die Krankenschwester macht ein besorgtes Gesicht und lässt
ihren Blick nachdenklich auf den beiden Winzlingen ruhen.
»Der Größere hat gute Chancen«, sagt sie. »Aber der Kleinere,
mein Gott … wir wollen das Beste hoffen. Es darf halt nichts da-
zwischenkommen, keine Infektion und nichts.«

Oma und ich bleiben lange bei den Babys. Wir streicheln sie und
erzählen ihnen in sanftem Tonfall von Mama, die sich nicht aus
dem Bett rühren kann. Und von ihrem Papa, der schon wieder
unterwegs zu uns ist. Und von ihren großen Brüdern, die sich
auf zwei neue Fußballer freuen. Und von meinem Papa, der ein
guter Fußballtrainer ist. Und natürlich von uns selbst: Dass Oma
den besten Babybrei kocht und dass ich mir neue Namen aus-
denken muss, denn die Mädchennamen vergessen wir jetzt mal
ganz schnell.

»So ein Zwergerl wie du kann eigentlich nur Nino heißen«, sage
ich zu dem Kleinen. »Und dein Brüderchen sieht mir nach Toni

aus. Gefallen euch die Namen? Eure großen Brüder haben eine Menge Wikingernamen für euch auf Lager, aber diese Namen sind grässlich. So wollen wir nicht heißen, gell?«

Während ich dem Kleinen die winzigen Füßchen massiere, hebt und senkt sich seine Brust im Rhythmus der Beatmungsmaschine. Wenn der Strom ausfiele, würde er dann sterben? Unter seiner schrumpligen Haut scheinen bläuliche Adern durch, er wirkt so zerbrechlich wie eine Seifenblase. Wenn er sterben würde, bliebe der andere allein zurück. Lieber Gott, lass den Strom nicht ausfallen, flehe ich. Lieber Gott, pass bitte Tag und Nacht auf diese Würmchen auf. Sie sind bestimmt keine Monster. Wenn du sie durchkommen lässt, verspreche ich dir was dafür. Irgendetwas, das mir besonders schwer fällt. Während ich meine lautlosen Beschwörungen zum Himmel schicke, taucht das Wort Sylt in meinem Kopf auf. Ich verscheuche es schnell, denn in Zusammenhang mit Versprechungen will ich nichts davon hören.

Als es immer wieder auftaucht, gebe ich mich geschlagen. Also gut. Von mir aus Sylt. Wenn das der Preis sein soll, damit die Babys durchkommen, will ich mich nicht mehr dagegen wehren. Obwohl es von allen Opfern wirklich das härteste ist. Nach Sylt umzusiedeln … Ich darf gar nicht daran denken. Ein tiefer Seufzer entringt sich meiner Brust.

»Hast du was gesagt?«, fragt Oma, über das Wärmebettchen gebeugt.

»Nein, nein, hab bloß mit dem Kleinen geredet«, antworte ich hastig und fahre fort, ihn zu streicheln. Oma wäre die Letzte, der ich von meinem Pakt mit dem Schicksal erzählen möchte. Denn mein Opfer würde Oma voll treffen.

Langsam werden die Zwillinge schläfrig. Ich kann beobachten, wie ihnen die Augen nach hinten wegrutschen.

Oma und ich stehen auf. Es fällt uns schwer, die Babys zu verlassen. Wie schön wäre es, wenn man sie einfach mit nach Hause nehmen könnte. Aber man soll nicht zu viel auf einmal wünschen.

»Schlaft gut, ihr zwei!«, flüstere ich beim Hinausgehen. »Wir kommen bald wieder und bringen euren Papa mit.«

Ein großer Tag für uns alle

Endlich ist es so weit. Kai und Malte dürfen heute nach Hause. Wer Kai und Malte sind? Meine kleinen Brüder natürlich. Ich hätte sie ja gerne Nino und Toni genannt. Aber Mama und Harm hatten andere Pläne. Und wie das bei Eltern leider der Fall ist: Sie haben das letzte Wort. Mittlerweile sind mir die Namen so vertraut, als gäbe es keine anderen. Das ist kein Wunder, denn seit acht Wochen gibt es bei uns nur ein Thema. Kai und Malte.

Ich habe sie jeden Tag im Krankenhaus besucht. Habe über ihre Träume gewacht, wenn sie schliefen, und mit ihren dunklen, wissenden Augen Zwiesprache gehalten, wenn sie wach waren. Ich habe von den letzten acht Wochen nichts anderes mitgekriegt als Schule und Krankenhaus. Aber seltsamerweise waren es die spannendsten acht Wochen meines Lebens. Über jedes Gramm, das die Babys zunahmen, haben wir uns gefreut. Nichts anderes zählte.

Meine großen Brüder haben extra Schulbefreiung bekommen, um Harm zu begleiten. Jetzt stehen wir drei mit knipsbereiten Kameras vor dem Krankenhaus und warten darauf, dass Mama und Harm mit den Babys herauskommen.

»Da kommen sie!«, ruft Hering und vergisst zu knipsen.

Aufgeregt stürzen sie den Ankömmlingen entgegen und überlassen es mir, die Szene fürs Fotoalbum festzuhalten. Bis jetzt haben sie die Zwillinge nur auf den Fotos gesehen, die Harm ihnen nach Sylt mitgebracht hat. Die ersten Aufnahmen der spindeldürren Babys in ihren Brutkästen müssen sie arg mitgenommen haben. Ich habe meine großen Brüder noch nie so bedrückt erlebt wie damals am Telefon kurz nach der Geburt. Nicht einmal aufgetrumpft haben sie, weil sie mit ihrem Tipp Recht hatten, dass es Jungs würden. Ich glaube, für mich war es leichter, mit der unerwarteten Situation klarzukommen. Ich konnte jeden Tag etwas für die Babys tun. Hab gespürt, wie sie unter meinen Händen kräftiger wurden. Konnte ahnen, wie meine Stimme ihnen vertraut wurde, sie allmählich zum Leben erweckte. Aber die Jungs waren tausend Kilometer von den Zwillingen entfernt und hatten nur diese schrecklichen Aufnahmen mit Schläuchen und Maschinen vor sich.

Meine Fotos sind sicher ganz verwackelt, weil ich selbst zu aufgeregt bin, um die Kamera still zu halten. Was solls? Hauptsache, die Babys sind über den Berg.

Im Auto sitzen Mama und Harm vorne, wir drei hinten mit den beiden Babykörben auf dem Schoß. Die Zwillinge sind wach. Aufmerksam verfolgen ihre großen Augen die ungewohnte Umgebung und unsere drei Köpfe über ihren Körben.

Matjes und Hering sprechen mit gedämpfter Stimme. So sanft kenne ich sie gar nicht. Sie halten den Minis jeder einen Zeigefinger zum Greifen hin. Die Babys greifen und die Jungs sind begeistert.

»Vielleicht werden doch noch Fußballer aus ihnen«, meint Matjes hoffnungsvoll.

»Meiner hat einen Griff wie ein Rettungsschwimmer«, verkündet Hering stolz, während er sich mit Maltes winzigen Fingern beschäftigt. »Der lässt mich gar nicht mehr los.«

Mama sitzt am Steuer und fährt so bedacht wie eine Fahrschülerin. Bisher kenne ich sie nur als Rallyefahrerin.

Und Harm sagt: »Jetzt sind wir eine richtige Großfamilie.«

Daheim erwartet uns Oma mit Rostbraten und Bratkartoffeln. Papa hat den Babys einen Käfig mit zwei zwitschernden Kanarienvögeln ins Kinderzimmer gehängt und einen Zettel dazu: Gruß vom Amelie-Papa.

Nachmittags schlafen die Zwillinge und Harm scheucht uns drei aus dem Haus, weil wir alle zehn Minuten ins Babyzimmer schleichen, um nachzuschauen, ob sie schon wach sind.

»Ihr werdet noch froh darüber sein, wenn sie schlafen«, verspricht er uns.

Bereits am ersten Abend müssen wir ihm Recht geben. So ein Baby-Konzert, noch dazu zweistimmig, ist schlimmer als Feueralarm. Nach zehn Minuten möchte man die Lautstärke gern zurückdrehen. Nach einer halben Stunde ist man so genervt, dass einem das Wort Monster einfällt.

»Vielleicht haben sie noch mal Hunger«, meint Matjes, der Gefallen am Fläschchengeben gefunden hat.

»Oder eine volle Windel«, erwägt Hering, der sich beim ersten Mal Wickeln als geschickter Babysitter erwiesen hat.

»Alle kleinen Babys schreien abends, weil sie Blähungen haben«, verteidigt Mama ihre Minis und trägt Kai hin und her.

Harm trägt Malte. Hin und her. Her und hin. Die Babys schreien trotzdem. Wenn Babys schreien, kann man weder fernsehen noch lesen noch miteinander reden oder Spiele spielen. Auch essen kann man nicht, weil einem der Appetit vergeht. Man kann nicht einmal ins Bett gehen und schlafen. Man kann nur hoffen, dass sie eher erschöpft sind als man selbst.

»Ich muss mal aufs Klo«, sagt Mama kurz vorm Umkippen und schickt einen Hilfe suchenden Blick zu uns dreien. »Kann einer von euch mal den Kai … ?«

Matjes ist am schnellsten bei ihr.

»Mich kennt er schon«, will ich eingreifen, als Matjes den Kleinen auf den Arm nimmt. »Gib ihn lieber mir!«

Aber Matjes denkt gar nicht daran. »Mich will der Lütte auch kennen lernen.« Er pufft mich zur Seite und flitzt mit Kai an uns vorbei wie ein Tangotänzer. Kai ist offensichtlich so überrascht von dem fliegenden Wechsel, dass er zu brüllen vergisst. Bevor er merkt, wie ihm geschieht, holt ihn die Müdigkeit ein und sein Köpfchen sinkt ermattet auf Matjes' Schulter. Eine Minute später fallen ihm die Augen zu. Und Malte? Malte stutzt einen Moment lang über die plötzliche Sendepause seines Bruders, holt tief Luft und schläft mit einem erschöpften Seufzer ein. Mama, durch die Stille beunruhigt, kommt aus der Toilette angerauscht. Was ist passiert?, fragen ihre panisch aufgerissenen Augen, bevor sie einen Ton herausbringt.

Hering gibt ihr ein Zeichen zu schweigen, und ich flüstere ihr ins Ohr: »Sie schlafen.« »Einfach so?« Sie kann es nicht glauben.

Nachdem Harm und Matjes die Zwillinge vorsichtig in ihre Gitterbettchen gelegt haben, versammeln wir uns in der Küche, wo unser Abendessen seit Stunden zu einer Auflaufmumie verbrutzelt.

»Ich verstehe die Welt nicht mehr«, sagt Mama zu Matjes. »Ich trage den Kleinen bis zum Umfallen durch die Wohnung und er brüllt mir die Ohren heiß. Und du? Du nimmst ihn einmal auf den Arm und schon beruhigt er sich. Wie hast du das geschafft?« Matjes grinst in die Runde, dann sagt er cool: »Tja, das nennt man ein Naturtalent.«

Hering und ich sehen uns an. Matjes in Siegerpose ist schwer zu ertragen. Aber was will man dazu sagen? Der Erfolg gibt ihm Recht.

»Weißt du was?« Mama klopft Matjes anerkennend auf die Schulter. »So ein Naturtalent als Babysitter ist nicht mit Gold aufzuwiegen. Schade, dass ihr in ein paar Tagen wieder in die Schule zurückmüsst. Wär schön, euch hier zu haben. Jetzt, da die Zwillinge endlich daheim sind und sich an uns gewöhnen.«

Die Jungs werfen sich einen viel sagenden Blick zu, dann rempeln sie unter dem Tisch ihren Vater an. Da ist irgendetwas im Busch. Ein Geheimnis zwischen unseren drei Nordlichtern? Mama schaut fragend von einem zum anderen. Die hat genauso wenig Durchblick wie ich.

»Was ist denn los mit euch?«, will ich wissen. Ich kann Geheimniskrämerei nicht ausstehen.

Harm räuspert sich bedeutungsvoll, die Jungs drängeln: »Machs nicht so spannend, Paps. In sechsundneunzig Stunden fährt unser Zug.«

»Also gut«, sagt Harm. »Wir Männer haben einen Pakt mit dem Schicksal geschlossen, als die Babys in so schlechter Verfassung waren, nach ihrer Geburt.«

Pakt mit dem Schicksal? Das erinnert mich an etwas, das ich lieber vergessen wollte. Hinter meinen Schläfen spüre ich das Blut pochen. Hoffentlich sieht mir keiner meine Verlegenheit an.

»Und der lautet?« Mama platzt fast vor Neugier.

»Der lautet: Wenn die Zwillinge durchkommen, wenn sie mit eurer Hilfe zu lebensfähigen, gesunden Babys gedeihen, dann … ja dann …« »… unser Zug, Paps! Nur noch fünfundneunzigdreiviertel Stunden bis zur Abfahrt«, frotzelt Hering.

»… dann versuchen wir, uns an euer Bergklima zu gewöhnen.«
»Und an die lasche Segelbrise auf dem Chiemsee«, lästert Matjes.
»Möglicherweise sogar an die schrecklichen Buckelpisten«, spottet Hering.
»Ihr zieht zu uns?« Mama und ich verschlucken uns fast.
»Wenn wir von eurem Tellerchen essen dürfen …«
»… und in eurem Bettchen schlafen …«, prasselt es von drei Seiten unter Gelächter auf uns nieder.
»Erzählt ihr Märchen?« Bei den Jungs mit ihrem Seemannsgarn weiß man nie …
Aber Hering schüttelt den Kopf und versichert ganz ernsthaft: »Höchstens wahre Märchen. Solche, die in Erfüllung gehen.«
Mama springt auf und fällt uns allen juchzend um den Hals. »Kinder, ich kann es kaum glauben! Ihr habt euch wirklich entschlossen?« Sie hat ganz glänzende Augen. »Wann packt ihr die Kisten? Erzählt!«
Nun sprechen alle durcheinander und Harm hat Mühe, seine Pläne zu schildern. »Ich will versuchen einen Geschäftspartner zu finden, der die Firma auf Sylt weiterbetreibt, während ich hier in Ramsau ein zweites Standbein aufbaue. Eine süddeutsche Zweigstelle sozusagen. Ich habe in den letzten Wochen schon mit verschiedenen Kartographen Verbindung aufgenommen. Es gibt viele, die Arbeit suchen. Aber es müsste natürlich jemand sein, der gerne selbstständig arbeitet und Erfahrung hat. Da mein Angebot damit verbunden ist, unser Sylter Haus zu bewohnen, wird der Kreis der Interessierten enger.«
»Das wundert mich«, unterbreche ich ihn. »Euer Haus ist doch prima.« Bis auf das komische Strohdach, denke ich im Stillen, weil mich Strohdächer immer an Futterkrippen erinnern.
Harm schmunzelt. »Das sagst du jetzt, Amelie. Vor einigen Monaten hast du noch andere Töne gespuckt.«
Ich bekomme einen roten Kopf. Wenn Harm wüsste, dass ich vor zwei Monaten zu jedem Opfer bereit war, um das Schicksal für die Babys günstig zu stimmen. Zum Glück habe ich niemanden in meine Gedanken eingeweiht. In meinem Hinterkopf rührt

sich das schlechte Gewissen. Die Jungs stehen zu ihrem Pakt mit dem Schicksal. Ich habe meinen verschwiegen. Ganz aufrichtig war das nicht.

Aber vielleicht will das Schicksal, dass wir Oma und Papa nicht verlassen müssen. Oma liebt Kinder und Papa rettet Tiere. Solche Menschen begünstigt das Schicksal offenbar. Trotzdem flüstert mir eine innere Stimme zu, dass ich meinen großen Brüdern etwas schuldig bin. Ein Entgegenkommen, eine gute Tat. Irgendetwas, worüber sie sich freuen. Denn sie bringen das Opfer, ihre Insel zu verlassen und alles, was ihnen vertraut ist. Ich darf hier bleiben.

Was könnte ich bloß für sie tun? Meine Gedanken kreisen immer wieder um diesen Punkt, während wir am Küchentisch unsere gemeinsame Zukunft feiern. Wir sind fröhlich und voller Pläne und merken kaum, wie die Nacht fortschreitet. Bis uns ein Wimmern aus dem Kinderzimmer daran erinnert. Die Babys! Sie schlafen natürlich noch nicht durch.

Wir stürzen zu fünft auf die Gitterbettchen zu, aber Harm treibt die Jungs und mich aus dem Zimmer. »Ab in die Koje mit euch Jungvolk! Schlaft euch ordentlich aus, damit ihr uns morgen beim Babysitten mal für ein paar Stunden ablösen könnt.«

Als wir unter unsere Decken geschlüpft sind und die Lampen ausknipsen, scheint der Mond durch die Dachfenster und verzaubert den großen Raum mit seinem sanften Strahlen. Es ist der schönste Raum im ganzen Haus, finde ich. Wie ein Riesenzelt mit seinen schrägen Wänden aus Holz. Mit seinen Querbalken, an denen man Hängematten befestigen kann. Mit seinen Fenstern in den Himmel, durch die mir Vogelschwärme und vorbeiziehende Wolken zuwinken. Wie froh ich bin, nicht von hier wegzumüssen.

Plötzlich kommt mir eine Idee. »Wisst ihr was?«, meine Stimme geistert durch den stillen Raum.

»Was?«, fragt Hering schläfrig.

»Wenn ihr mögt, überlasse ich euch mein Zimmer.«

»Heute Nacht? Wieso, schnarchen wir?«

»Nein, nicht heute Nacht. Für immer, meine ich. Sobald ihr richtig bei uns lebt, würde ich es euch geben. Damit ihr hier so 'ne Art Piratennest habt.«

Hering knipst noch mal seine Nachttischlampe an und lässt seinen Blick durch das Zimmer schweifen. Matjes reibt sich ungläubig die Augen. »Ist das dein Ernst, Amelie? Mann, das wäre Spitze! Dann würde ich mein Regal mit den Modellschiffen da drüben hinstellen und den Computer unter dieses Fenster und …«

Matjes ist bereits am Einrichten und Hering blickt so versonnen von einer Ecke zur anderen, als hätte er den Raum vorher noch nie gesehen. Dabei hat er mir schon mal verklickert, wie sehr er mich um meine Räuberhöhle beneidet.

Bevor wir einschlafen, hat Hering noch eine Frage. »Sag mal, gefällt es dir hier oben auf einmal nicht mehr? Oder warum machst du uns so 'n dolles Angebot?«

»Das ist mein Lieblingszimmer, Mann! Eigentlich bin ich verrückt, es euch zu geben. Aber ich dachte, als Einstandsgeschenk würde es euch den Umzug versüßen.«

»Absolut, Schwesterchen. Du darfst uns dann auch manchmal in unserem Ausguck besuchen. Als Stammgast.«

Als mir die Augen zufallen, habe ich ein gutes Gefühl. Das Schicksal kann mit mir zufrieden sein. Eines Tages, wenn die Jungs sich bei uns eingelebt haben, werde ich ihnen mein Geheimnis verraten.

Im Jahr darauf

Heute feiern Kai und Malte ihren ersten Geburtstag. Sie sind immer noch klein und zierlich und in ihrer Entwicklung ein wenig hinterher. Aber sie sind die süßesten Bübchen der Welt. Überhaupt keine Monster. Wenn sie mich erblicken, gurren und quietschen sie vor Vergnügen und kommen auf allen vieren angekrabbelt. Sie lieben mich, das sieht ein Blinder. Sie lieben auch Mama, Harm und Oma, sie lieben ihre großen Brüder und sogar meinen Papa lieben sie, wenn er sie in die Luft wirft und wieder auffängt. Und alle sind vernarrt in die Zwillinge.

Harm hat sich mordsmäßig beeilt mit dem Umziehen. Um die Entwicklung seiner kleinen Söhne zu rechten Friesenköppen, wie er es nannte, zu überwachen. Ich würde sagen, es hat nicht viel genützt. Die Zwillinge mögen zwar noch nicht laufen können, klettern können sie bereits. Kein noch so hohes Versteck ist vor ihren Kraxeleien sicher. Dafür sind sie wasserscheu, schlimmer noch, als ich es war. Und ihre ersten Wortmeldungen klingen eindeutig bayerisch: »Naa«, sagen sie, wenn ihnen etwas nicht passt. Nicht »nee«.

Matjes und Hering haben ihnen zum Geburtstag einen Sandkasten gezimmert und mit echtem Nordseesand gefüllt. Ob die Zwillinge das zu schätzen wissen? Ich weiß nicht. Hauptsache, die Jungs haben ihr Fuzelchen Heimatboden vor dem Haus. Mit Muscheln und getrockneten Seesternen bestückt.

Die Jungs haben sich prima bei uns eingelebt, seitdem sie Mountainbikes bekommen haben. Und seitdem Papa sie in unsere Fußballmannschaft eingeführt hat. Nur bei starkem Föhnwind hört man sie maulen: »Das wär ein Segelwetter, Mannomann!«

Nun habe ich also vier Brüder auf einen Schlag. Für jede Jahreszeit einen. Für jede Windrichtung einen. Für jede Farbe einen. Für jeden Geschmack einen. Jungs, wohin ich blicke. Überall Jungs. Ich könnte das glücklichste Mädchen der ganzen Schule sein, wäre da nicht Florian, drei Bankreihen hinter mir … Aber das ist eine andere Geschichte.

Materialien

I Familie

1 Familienbilder

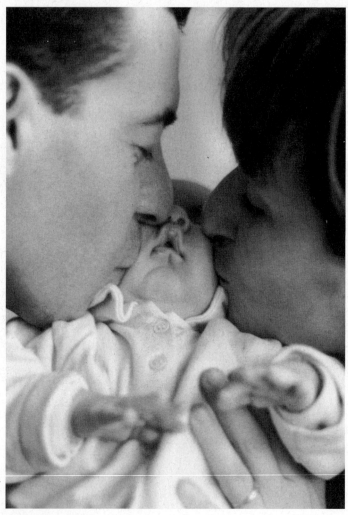

© 1996 SLim SFax

© 1994 Hermann Krieger

© 1994 Uwe Ommer

© 1994 Uwe Ommer

2   Definition „Familie" aus einem Kinderlexikon

Familie   „Wir sind eine ziemlich große Familie", stellt Jakob fest. Er meint damit seine Mutter, seinen Vater und die beiden Geschwister. „Jedenfalls sind wir eine größere Familie als die bei uns übliche Durchschnittsfamilie", sagt seine Mutter. Trotzdem nennt man so eine Familie aus Eltern und Kindern Klein- oder Kernfamilie. Jakobs Urgroßmutter lebte noch in einer Großfamilie. Das war damals nichts Besonderes. Zur Familie gehörten die Eltern, sieben Kinder, die Großeltern, eine Urgroßmutter und eine unverheiratete Tante. Alle lebten in einem Haus. Sie aßen zusammen und arbeiteten alle auf ihrem Bauernhof. – Ankes Familie ist vor ein paar Jahren kleiner geworden. Ihre Eltern haben sich scheiden lassen. Sie lebt nur mit ihrer Mutter zusammen. Ihren Vater besucht sie oft. Er lebt in einer anderen Stadt. In Ankes Klasse gibt es noch vier andere Kinder, die ähnlich leben. Drei davon mit einer allein erziehenden Mutter und eines mit einem allein erziehenden Vater. Würde Ankes Mutter noch einmal heiraten, wäre der neue Ehemann Ankes Stiefvater. Wenn er Kinder hätte, wären sie ihre Stiefgeschwister.

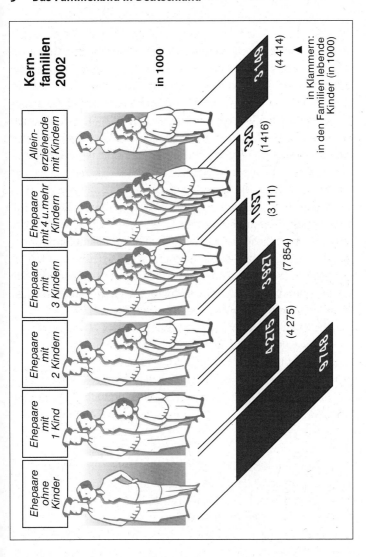

Kernfamilien 2002

in 1000

	in 1000
Alleinerziehende mit Kindern	3 149 (4 414) ◄
Ehepaare mit 4 u. mehr Kindern	320 (1 416)
Ehepaare mit 3 Kindern	1 031 (3 111)
Ehepaare mit 2 Kindern	3 927 (7 854)
Ehepaare mit 1 Kind	4 275 (4 275)
Ehepaare ohne Kinder	9 748

in Klammern:
in den Familien lebende
Kinder (in 1000)

4 „Vater und Mutter wollen sie haben, unsere Kinder!"
(Auszug aus Erich Kästner: Das doppelte Lottchen)

Zwei kleine Mädchen, die bisher nichts voneinander wussten, stehen sich in einem Kinderheim, in dem sie die Ferien verbringen sollen, plötzlich gegenüber und stellen fest, dass sie sich gleichen wie ein Ei dem anderen. Um dem Geheimnis ihrer Ähnlichkeit auf die Spur zu kommen, fährt Luise am Ende der Ferien als Lotte nach München und Lotte als Luise nach Wien zurück. Erst ein Zufall bringt das Verwechslungsspiel ans Tageslicht und führt auch die geschiedenen Eltern wieder zusammen.

Am 14. Oktober haben die beiden Mädchen Geburtstag. Sie sitzen mit den Eltern im Kinderzimmer. Zwei Kerzenbäume brennen, jeder mit zehn Lichtern. Selbstgebackenes und dampfende Schokolade hat's gegeben. Vati hat einen wunderschönen ‚Geburtstagsmarsch für Zwillinge' gespielt. Nun dreht er sich auf dem Klavierschemel herum und fragt: „Warum haben wir euch eigentlich nichts schenken dürfen?"
Lottchen holt tief Atem und sagt: „Weil wir uns etwas wünschen wollen, was man nicht kaufen kann!"
„Was wünscht ihr euch denn?", fragt die Mutti.
Nun ist Luise an der Reihe tief Luft zu holen. Dann erklärt sie, zapplig vor Aufregung: „Lotte und ich wünschen uns von euch zum Geburtstag, dass wir von jetzt ab immer zusammenbleiben dürfen!"
Endlich ist es heraus!
Die Eltern schweigen.
Lotte sagt ganz leise: „Dann braucht ihr uns auch nie im Leben wieder etwas zu schenken! Zu keinem Geburtstag mehr. Und zu keinem Weihnachtsfest auf der ganzen Welt!"
Die Eltern schweigen noch immer.
„Ihr könnt es doch wenigstens versuchen!" Luise hat Tränen in den Augen. „Wir werden bestimmt gut folgen. Noch viel mehr als jetzt. Und es wird überhaupt alles viel, viel schöner werden!"
Lotte nickt. „Das versprechen wir euch!"

„Mit großem Ehrenwort und allem", fügt Luise hastig hinzu.

Der Vater steht vom Klaviersessel auf.

„Ist es dir recht, Luiselotte, wenn wir nebenan ein paar Worte miteinander sprechen?"

„Ja, Ludwig", erwidert seine geschiedene Frau. Und nun gehen die zwei ins Nebenzimmer. Die Tür schließt sich hinter ihnen.

„Daumen halten!", flüstert Luise aufgeregt. Vier kleine Daumen werden von vier kleinen Händen umklammert und gedrückt. Lotte bewegt tonlos die Lippen.

„Betest du?", fragt Luise.

Lotte nickt.

Da fängt auch Luise an, die Lippen zu bewegen.

„Komm, Herr Jesus, sei unser Gast, und segne, was du uns bescheret hast!", murmelt sie, halblaut.

Lotte schüttelt unwillig die Zöpfe.

„Es passt nicht", flüstert Luise entmutigt. „Aber mir fällt nichts anderes ein. – Komm, Herr Jesus, sei unser Gast, und segne ..."

„Wenn wir einmal von uns beiden gänzlich absehen", sagt gerade Herr Palfy nebenan und schaut unentwegt auf den Fußboden, „so wäre es zweifellos das Beste, die Kinder würden nicht wieder getrennt."

„Bestimmt", meint die junge Frau. „Wir hätten sie nie auseinander reißen sollen."

Er schaut noch immer auf den Fußboden. „Wir haben vieles gutzumachen." Er räuspert sich. „Ich bin also damit einverstanden, dass du – dass du beide Kinder zu dir nach München nimmst."

Sie greift sich ans Herz.

„Vielleicht", fährt er fort, „erlaubst du, dass sie mich im Jahr vier Wochen besuchen?" Als sie nichts erwidert, meint er: „Oder drei Wochen? Oder vierzehn Tage wenigstens? Denn, obwohl du es am Ende nicht glauben wirst, ich hab die beiden sehr lieb."

„Warum soll ich dir das denn nicht glauben?", hört er sie erwidern.

Er zuckt die Achseln. „Ich hab es zu wenig bewiesen!"

„Doch! An Lottchens Krankenbett!", sagt sie. „Und woher willst du wissen, dass die beiden so glücklich würden, wie wir's ihnen wünschen, wenn sie ohne Vater aufwachsen?"

„Ohne dich ginge es doch erst recht nicht!"

„Ach Ludwig, hast du wirklich nicht gemerkt, wonach sich die Kinder sehnen und was sie nur nicht auszusprechen gewagt haben?"

„Natürlich hab ich's gemerkt!" Er tritt ans Fenster.

„Natürlich weiß ich, was sie wollen!" Ungeduldig zerrt er an dem Fensterwirbel. „Sie wollen, dass auch du und ich zusammenbleiben!"

„Vater *und* Mutter wollen sie haben, unsere Kinder! Ist das unbescheiden?", fragt die junge Frau forschend.

„Nein! Aber es gibt auch bescheidene Wünsche, die nicht erfüllbar sind!"

Er steht am Fenster wie ein Junge, der in die Ecke gestellt wurde und der aus Trotz nicht wieder hervorkommen will.

„Warum nicht erfüllbar?"

Überrascht wendet er sich um! „Das fragst du *mich*? Nach allem, was war?"

Sie schaut ihn ernst an und nickt kaum merklich. Dann sagt sie: „Ja! Nach allem, was gewesen ist!"

Luise steht an der Tür und presst ein Auge ans Schlüsselloch. Lotte steht daneben und hält beide kleinen Fäuste, die Daumen kneifend, weit von sich.

„Oh, oh, oh!", murmelt Luise. „Vati gibt Mutti einen Kuss!"

Lottchen schiebt, ganz gegen ihre Gewohnheit, die Schwester unsanft beiseite und starrt nun ihrerseits durchs Schlüsselloch.

„Nun?", fragt Luise. „Noch immer?"

„Nein", flüstert Lottchen und richtet sich strahlend hoch. „Jetzt gibt Mutti Vati einen Kuss!"

Da fallen sich die Zwillinge jauchzend in die Arme!

II Familie mal anders

1 „Habt ihr etwas von ihm gehört?"
(Auszug aus Marjaleena Lembcke: In Afrika war er nie)

Als Juhanis sieben Jahre alt war, ist sein Vater verschwunden: einfach
davongebraust auf seinem Motorrad, ohne zu sagen wieso, warum
und wohin. Sechs Jahre lang quält sich Juhanis mit Fragen: Wo nur
ist sein Vater hin und was hat er seitdem alles erlebt? – Inzwischen
ist er 13 Jahre alt, und beschreibt die Jahre, die er gewartet hat, im
Rückblick – und immer wieder träumt er, von Antworten auf die vielen
Fragen, die er sich die ganzen Jahre über gestellt hat.

Ich war sieben Jahre alt, als mein Vater die Harley-Davidson kaufte
und damit wegfuhr.
Ein paar Wochen später erhielt ich eine Karte von ihm. Darauf döste
ein Löwe mit einer mächtigen Mähne. Ich steckte ihn mit einer
Heftzwecke über meinem Bett an die Wand.
Das Löwenbild hängt schon lange nicht mehr in meinem Zimmer.
Auch die Karte von Afrika habe ich vor ein paar Jahren zusammen-
gerollt und in den Keller gebracht. Das Foto meines Vaters – er sitzt
auf seinem Motorrad – steht noch auf meinem Schreibtisch. Ich
habe lange auf ihn gewartet. Ich rannte an die Tür, wenn jemand
klopfte. Ich rannte zur Tür, wenn es klingelte. Ich rannte auch zur
Tür, wenn niemand klopfte und es gar nicht geschellt hatte, weil ich
glaubte, seine Schritte oder seine Stimme gehört zu haben.
Besonders an meinem achten Geburtstag wartete ich auf ihn.
Während ich wartete, überlegte ich, was er mir wohl mitbringen
würde. Meine Mutter war nervös. Sie sah immer auf die Uhr, als
hätten mein Vater und sie eine bestimmte Zeit abgemacht, wann
er kommen würde. Aber vielleicht ahnte sie schon damals, dass er
überhaupt nicht kommen würde. Ich ahnte es nicht. Ich wartete
auf ihn.
Wenn mich die Kinder in der Schule fragten, wo mein Vater sei, ant-
wortete ich: „In Afrika."

Und wenn sie mich fragten, was er in Afrika macht, sagte ich. „Er singt."

Auch an meinem neunten Geburtstag wartete ich auf ihn. Als es an der Tür klingelte, ging ich langsam hin und öffnete sie. Vor der Tür stand der Postbote und überreichte mir ein Päckchen von meiner Tante. Etwas später klopfte es. Diesmal waren es meine Großeltern, die kamen, um mir zum Geburtstag zu gratulieren.

„Für deine Mutter ist es sehr schlimm, das mit deinem Vater", sagte Großmutter zu mir.

Aber für mich war es auch schlimm.

Vor drei Jahren stiegen die Eltern meines Vaters aus dem Geschäft aus und meine Mutter übernahm das Beerdigungsinstitut. Früher hatte mein Vater mit seinen Eltern zusammengearbeitet. Er war Steinmetz und er gestaltete Grabsteine. Ein paar von den Steinen stehen noch im Garten.

Als meine Mutter und ich in das Haus einzogen, dachte ich: Jetzt kommt er zurück. Wieder lief ich zur Tür, wenn es schellte. Aber es waren Freunde, Bekannte, oder es war jemand, dessen Angehöriger gestorben war.

Sogar an den Geburtstagen von meiner Mutter habe ich auf meinen Vater gewartet. Und an Weihnachten. Der Weihnachtsmann kam noch zu uns, als ich schon lange nicht mehr an ihn glaubte, und wenn er die Geschenke ausgeteilt hatte, dachte ich: Jetzt nimmt er die Maske ab und darunter ist das Gesicht meines Vaters.

Eines Tages dachte ich nicht mehr an meinen Vater, wenn jemand an der Tür schellte oder klopfte. Aber ich glaubte immer noch daran, dass er eines Tages zurückkommen würde.

Die Mutter meines Vaters sagte: „Nichts ist so hartnäckig wie die Hoffnung."

Sie fragte noch vier Jahre nach Vaters Verschwinden bei jedem Anruf: „Habt ihr etwas von ihm gehört?"

Die erste Zeit stellte sie die Frage an den Anfang jedes Gesprächs, dann kam die Frage beiläufig zwischen ganz anderen Themen und im vierten Jahr war es nur ein leiser Satz zum Schluss – „Ihr habt

96

natürlich nichts gehört?" –, auf den sie keine Antwort mehr erwartete.
Der Vater meines Vaters sagte: „Hunger treibt die Ferkel zum Fresstrog!"

Mein Vater hat gesungen und Klavier hat er auch gespielt. Aber vor allem sang er. Er träumte davon, ein berühmter Tangosänger zu werden. Einmal nahm er mich mit, als er in einem Dorf auftrat. Er stand in seinem weißen Anzug vor dem Orchester, mit der einen Hand hielt er das Mikrofon, die andere Hand hatte er in der Hosentasche. Er sang Tangos von Männern, die sich nach Sabrina, Kaisa, Aino oder einer anderen Frau sehnen, er sang von goldenen Ohrringen, roten Rosen und weißen Lilien. Der Schweiß rann meinem Vater über das Gesicht und er nahm ein Taschentuch und trocknete sich beim Singen die Stirn. Die Leute tanzten und zum Schluss sang mein Vater noch ein Lied, das kein Tango war. Die Leute hörten andächtig zu, und er sang über die Liebe und das Meer und über einen Mann, der mit dem Schiff fortgefahren war, und über eine Frau, die am Strand stand und auf das Schiff und auf den Mann wartete. Als das Lied zu Ende war, applaudierten alle. Die Frauen lange und begeistert. Mein Vater verbeugte sich und lächelte.
Nachher saßen wir an einem Tisch mit den Musikern und Vater stellte mich vor: „Das ist mein kleiner Sohn. Er guckt sich schon mal an, wie man die Leute glücklich macht!"
Ich trank Jaffalimonade und aß Würstchen und immer wieder kamen Frauen vorbei, um meinem Vater zu sagen, wie schön er gesungen habe. Mir strichen sie über die Haare, tätschelten mich und lächelten mich an. Vater zwinkerte mir zu.

2 „Andere" Familien – Kinder berichten

„Ich hatte total Sehnsucht nach meinem Vater. Er wohnte zwar nicht weit weg, aber meine Mutter wollte anfangs nicht, dass ich ihn besuche. Das habe ich deutlich gespürt. Sie guckte jedes Mal so komisch, wenn ich davon anfing. Als ich dann nach dem Besuch geweint hab, hat sie mich aber ganz lieb getröstet und mir gesagt, dass ich bald wieder hin darf."
(Justus, 8 Jahre)

„Ich wollte unbedingt meinen Papa besuchen. Es war mir total egal, ob das meiner Mutter gepasst hat oder nicht. Er hat immer tolle Sachen mit mir gemacht, wir sind ins Kino gegangen, oder er hat Video-Kassetten besorgt. Und abends sind wir ins Restaurant zum Essen gegangen, das macht meine Mutter nie mit mir: Ich fand es total doof, dass sie sich immer mit ihm gestritten hat, wenn ich zu ihm wollte. Und nie hat es geklappt, dass ich mal spontan zu ihm durfte. Das musste immer wochenlang vorher abgesprochen werden. Total nervig. Ich bin froh, wenn ich alt genug bin, um das selbst zu entscheiden. Dann gehe ich öfter zu ihm, und auch mal zwischendurch: Ist mir egal, wenn ihr das nicht passt."
(Jennifer, 12 Jahre)

„Ich würde so gern mal meinen Papa zu mir einladen und ihm mein Zimmer zeigen. Aber das erlaubt meine Mama nicht. Das finde ich schade."
(Dorothee, 8 Jahre)

„Mein Stiefvater hat sich immer auf die Seite meiner Mutter gestellt. Er hat kein gutes Haar an meinem Vater gelassen. Ich hab ihn dafür gehasst."
(Felix, 15 Jahre)

„Meine Stiefmutter hat immer spitze Bemerkungen gemacht, wenn ich darauf bestanden habe, den Pullover, den meine Mama

mir geschenkt hat, anzuziehen. Den hab ich aber immer an, wenn ich zu ihr gehe. Ich fand es saudoof, dass sie mir das immer vermiesen musste."
(Andrea, 14 Jahre)

„Mein Stiefvater hat mir gesagt, dass er sich freut, wenn ich meinen Papa besuche. Aber das fand ich irgendwie auch doof. Das war so gekünstelt. Ich hab ihm das einfach nicht geglaubt. Und dass er mich hinterher ausgefragt hat, was wir miteinander gemacht haben, hat mich regelrecht wütend gemacht. Das geht ihn doch nichts an. Ich hab ihm dann auch nie was Konkretes gesagt."
(Philipp, 13 Jahre)

„Mama ist mit uns nach der Trennung von Papa nach F. gezogen. Dort hat sie dann ziemlich schnell Peter kennen gelernt. Er hat zwei Kinder, die genau gleich alt sind wie meine Schwester und ich. Wir fanden es klasse, dass wir gleich zwei Freundinnen hatten, und haben uns auf Anhieb gut verstanden. Aber als wir kapiert haben, dass sie bei uns einziehen sollten, waren wir sauer auf Mama und Peter. Ich hatte mich so auf mein eigenes Zimmer gefreut, und jetzt sollte ich es mit Kathrin teilen. Das fand ich doof, und das hab ich ihr auch immer noch nicht verziehen."
(Julia, 12 Jahre)

„Als Mama mit Gregor zusammenzog, habe ich zwei Stiefgeschwister bekommen. Die waren ziemlich überheblich und haben immer auf mich heruntergeguckt. Damals waren sie 14 und 16, und ich war erst 10. Die wollten auch nicht mit mir spielen, sondern hingen mehr in ihren Zimmern rum, hörten Kassetten oder lasen. Und ich saß allein in meinem Zimmer und langweilte mich."
(Anna, 17 Jahre)

3 „Meine Mutter sagt, dass es früher auch ein paar Normale Papas gab."
(Auszug aus Guus Kuijer: Wir alle für immer zusammen)

Polleke ist elf, und die Tatsache, dass ihre Eltern geschieden sind, stört sie gar nicht.
Denn obwohl ihr Papa gar nicht bei Mama und ihr wohnt, spielt er doch in ihrem Leben eine wichtige Rolle, und Polleke hat ihren Papa auch sehr lieb. Turbulent wird das Familienleben erst, als sich eines Tages ihr Klassenlehrer in ihre Mama verliebt und Polleke zudem für sich selbst herausfinden muss, was sie eigentlich von Mimun hält – einem Jungen in ihrer Klasse, der nicht mehr mit ihr zusammen sein will, nur weil sie Gedichte schreibt. Polleke hat also Grund genug, immer wieder über ihre Familie nachzudenken – und gibt dabei die Hoffnung nicht auf, dass am Ende „alle für immer zusammen" sein werden!

Jetzt ist es schon wieder eine Woche später. Ich spiele mit Caro auf der Straße.
„Ach, weißte", sagt sie, „auf die Jungs musste nicht so viel geben."
Caro hat einen Sehr Unnormalen Papa (SUP). Aber das darf ich nicht weitererzählen, darauf komme ich also erst später.
„Ich geb doch überhaupt nichts auf Jungs", sage ich.
Caro und ich sind die einzigen niederländischen Kinder in der Klasse. Alle anderen sind Ausländer. Caro hat einen SUP und ich hab einen UP. Ich glaub, alle niederländischen Kinder haben einen Unnormalen Papa. Meine Mutter sagt, dass es früher auch ein paar Normale Papas gab. Die kamen nach Hause, guckten Fernsehen und tranken Bier. Solche Väter gibt's, glaub ich, nicht mehr.
Du kannst zum Beispiel einen Vater haben, der nicht dein Vater ist. Oder einen Vater, der zwar dein Vater ist, der aber woanders wohnt.
Oder einen Vater, den es zwar gibt, aber du hast keine Ahnung, wo.
Oder einen Vater aus einem Reagenzglas, den du nicht kennst.

Oder einen Vater aus einem Reagenzglas, den du zwar kennst, zu dem du aber nicht Papa sagst, weil du zu dem Mann deiner Mutter Papa sagst.

Oder einen Vater aus einem Reagenzglas, zu dem du Papa sagst, obwohl er nicht der Mann deiner Mutter ist.

Oder einen Vater, von dem du weißt, wo er ist, zu dem du aber nicht hindarfst.

Oder du hast zwei Väter, die auf Männer stehen.

Oder zwei Väter, die beide Frauen sind, aber lesbisch.

Na, sucht euch mal einen aus. Euer Vater ist garantiert dabei und Caros auch, aber ich sag nicht, welcher es ist.

Als mein Vater meine Mutter geheiratet hat, hatte er schon zwei Kinder, Dirk und Elke, meine größeren Geschwister also, aber als ich drei war, haben sich meine Eltern scheiden lassen. Jetzt wohnt mein Vater bei Sina mit Dirk und Elke. Und mit Fieke und Gijs, Sinas Kindern. Und zusammen haben sie Hilletje, die ist jetzt dreieinhalb.

Hilletje ist also meine Halbschwester, aber Fieke und Gijs sind nicht meine Halbgeschwister. Die sind ja von Sina und einem anderen Mann. Klar, oder? Dirk und Elke natürlich wohl, aber die hatte ich ja schon. Am Anfang konnte ich Sina nicht ausstehen, weil sie mir meinen Vater weggeschnappt hatte.

„Weißt du, warum er mit der zusammen ist?", fragt meine Mutter mich mehrmals in der Woche.

„Warum denn?", frage ich dann brav. „Sag's mir."

„Weil sie so gut mit dem Hintern wackeln kann", sagt meine Mutter dann. „So sind die Männer, das kannst du mir glauben."

Ich glaub das aber nicht, denn ehrlich gesagt hat Sina nicht besonders viel Hintern. Meine Mutter schon. Also, ich weiß es nicht.

Ich hab Oma gefragt und die hat gesagt: „Wenn sich ein Mann und eine Frau streiten, gebe ich der Einfachheit halber dem Mann die Schuld." Da hat Opa so einen Lachanfall gekriegt, dass Oma ihm ganz fest auf den Rücken klopfen musste.

„Und ob du was auf Jungs gibst!", sagt Caro „Hab ich doch selbst gesehn! Wenn du Mimun nur siehst, fängste schon fast an zu heulen."

„So'n Quatsch!", brülle ich. Ich weiß nicht, warum ich so schreie. Denn natürlich stimmt es, dass ich dann fast heulen muss.

Caro antwortet nicht und ich schäme mich. Caro ist meine beste Freundin. Ich weiß nicht, warum ich sie anlüge.

5 „Ich will nie im Leben was mit 'nem Jungen haben", sagt Caro. „Das sind doch alles Vollidioten."

„Ja", sage ich. Ich gucke die Straße hinunter. An der Kreuzung stehen ein paar Vollidioten und spielen Fußball. Fußball find ich super. Vollidioten nicht. Und in der Ferne sehe ich Mimun näher kom-
10 men.

III Meine Familie

1 Welcher Familientyp sind wir? – Ein Familientest

Kuschelclan oder Basiscamp?
Nach welchen Regeln spielt Ihre Familie?

Zwei routinierte Mittvierziger, die ihre pubertierenden Kinder um Mitternacht von einer Party abholen. Eine junge Frau, die mutterseelenallein den Elternjob managt. Eine Hand voll Menschen mit drei unterschiedlichen Nachnamen, die gemeinsam den Alltag bewältigten: Das alles ist Familie. Vielfältig, komplex und hochspannend.

Marktforscher, wie zum Beispiel der Diplompsychologe Johannes Dorn, wollen deshalb mehr über die Familie der Zukunft wissen. Was hält sie zusammen? Was stärkt, was schwächt sie? Um das zu erfahren, hat Dorn zusammen mit Kollegen von Rheingold, dem Institut für qualitative Markt- und Medienanalysen in Köln, zahlreiche Interviews und Analysen durchgeführt. Vier typische Grundkonstellationen von Eltern mit Kindern haben sich dabei herauskristallisiert: die Nest-, Club-, Rudel- und Herbergsfamilie. Keine Variante ist besser als die andere, sondern jede hat ihre Vor- und Nachteile. Neugierig? Mit unserer Checkliste sehen Sie schnell, zu welchem Grundtyp Ihre Familie derzeit gehört. Und Sie erfahren, was Sie gemeinsam stark macht und wo Sie Schwachpunkte haben. Natürlich gibt es auch Mischformen. Lesen Sie in diesem Fall die Typologisierung, die am ehesten zutrifft.

Und auch das müssen Sie wissen: „Eine Familie ist kein starres Gebilde, sondern kann im Laufe der Zeit ihre Spielregeln ändern. Wie, das haben alle selbst in der Hand", sagt Johannes Dorn.

Die Nestfamilie
1. In unserer Familie gibt es keine klare Hierarchie. Vater, Mutter, Kinder – alle haben etwa gleich viel zu sagen.
2. In unserer Familie wird sehr viel gekuschelt.
3. Unternehmungen am Wo-

chenende, Mahlzeiten, Freunde besuchen, fernsehen – wir unternehmen möglichst alles gemeinsam.

4. Wir haben nur wenige, ausgesuchte Freunde.

5. Wir schotten uns gerne von anderen ab.

6. Uns ist ein möglichst harmonisches Familienleben sehr wichtig.

Die Grundstruktur: Die Eltern schaffen ein kuscheliges Nest für die Kinder, in dem sie behütet und beschützt aufwachsen können.

Die Vorteile: „Die große Nähe vermittelt allen Sicherheit", so Experte Dorn. In einem solch engen Umfeld, mit der intensiven Bindung und Nähe, entwickeln Kinder Urvertrauen und Selbstbewusstsein. Deshalb ist diese Familienform ideal für Eltern mit kleinen Kindern, bei denen es besonders auf Nestwärme ankommt. Übrigens: Auch viele Alleinerziehende gehören in die Gruppe der Nestfamilie, weil sie versuchen, „mit sehr viel Nähe den fehlenden Partner zu ersetzen", so Dorn.

Hier müssen Sie aufpassen: Nähe kann auch einengen. Etwa

mit acht, neun Jahren werden Kinder autonomer, starten erste Ausbruchversuche. In dieser Phase kann die Nestfamilie zum Korsett werden. Deshalb sollte dieser Familientyp versuchen, sich gegenseitig Freiräume zu lassen.

Der Tipp des Experten: „Schon ganz kleine Kinder sollten sich mit Freunden außerhalb der Familie treffen." Eltern sollten gezielt auf weitere soziale Kontakte achten und gelegentlich etwas für sich tun.

Die Clubfamilie

1. Bei uns gibt es eine klare Rangordnung – entweder Mutter oder Vater geben den Ton an. In jedem Fall bestimmen die Eltern, wo es langgeht.

2. Wir unternehmen viel gemeinsam, fahren zusammen weg, pflegen gemeinsame Hobbys.

3. Unsere Entscheidungen sind tragfähig und werden nicht ständig über den Haufen geworfen.

4. Wir haben eine deutliche Aufgabenteilung. Bei uns ist festgelegt, wer die Spülmaschine ausräumt, den Müll runterträgt usw. ...

5. Wir haben kaum Freunde,

konzentrieren uns auf das Familienleben.

6. Bei uns läuft vieles nach Plan – im Alltag und auch im Urlaub.

Die Grundstruktur: Vater oder Mutter legen die Richtung fest. Allem übergeordnet: die Familie als kleiner Club – mit eigenen Regeln und nach außen abgeschirmt.

Die Vorteile: Jeder kennt genau seinen Platz. Enttäuschungen, weil etwas nicht eingehalten wird, gibt es kaum. Damit fallen auch Streitereien über Alltagskleinklein nahezu weg. Die perfekte Organisation lässt das Leben planbar erscheinen und vermittelt Eltern und Kindern Sicherheit.

Hier müssen Sie aufpassen: Diese Art der Familie „funktioniert am besten mit Abschottung nach außen", sagt Dorn. Und genau deshalb kann diese Familienstruktur gelegentlich ins Wanken geraten. Dann zum Beispiel, wenn Kinder in den Kindergarten oder die Schule kommen, die Mutter wieder berufstätig wird. Impulse von außen bringen die scheinbare Balance nämlich schnell aus dem Gleichgewicht. Für diesen Typ deshalb ganz wichtig: Alle Familienmitglieder sollten ab und zu getrennte Wege gehen und spontan etwas unternehmen.

Dabei wäre es wichtig, gerade den Kindern eigenen Freiraum zu gönnen, sonst könnte es zu Spannungen kommen, sobald sie beginnen, sich abzunabeln.

Die Rudelfamilie

1. Auch Kinder haben Rechte! Nach diesem Grundsatz leben wir.

2. Wir als Eltern wollen, dass unsere Kinder sich optimal entwickeln, um später selbstbewusst ihr Leben in die Hand nehmen zu können. Daran arbeiten wir gemeinsam.

3. Wir überlegen bei der Kindererziehung sehr genau: Wie viel Frühförderung braucht unser Nachwuchs, welcher Sport ist richtig?

4. Unsere Wohnung, unser Essen, unser Urlaub – bei wichtigen Entscheidungen überlassen wir nichts dem Zufall.

5. Rollen und Arbeitsverteilung der Erwachsenen sind ziemlich festgelegt.

6. Bei uns wird viel diskutiert und verhandelt.

Die Grundstruktur: Die Familie verhält sich wie eine kleine Herde oder ein Rudel. Dabei geht es vor allem darum, den Kindern die besten Bedingungen zu schaffen.

Sie sollen geschützt und optimal gefördert aufwachsen.

Die Vorteile: In dieser Familie kommen alle zu ihrem Recht. Die Kinder werden zur Selbständigkeit erzogen, lernen frühzeitig, sich durchzusetzen. Und sie dürfen bei Entscheidungen mitwirken.

„Eine wunderbare Situation für Kinder, weil sie ein optimales Umfeld für ihre Entfaltung finden", sagt Johannes Dorn. Dazu kommt, dass diese Familien viele soziale Kontakte haben und offen für neue Ideen sind – da wird's nie langweilig.

Hier müssen Sie aufpassen: Alle Entscheidungen werden auf ihre Familientauglichkeit hin abgeklopft. Vor lauter „Diskutiererei" bleibt da manches in der Entscheidungsphase stecken. Und: Manche Eltern konzentrieren sich so sehr auf die Förderung ihrer Kinder, dass sie ihre Paar-Beziehung darüber ganz vergessen.

Der Rat des Experten: Manchmal die Dinge einfach laufen lassen, ohne sie durchzuplanen. Und Eltern sollten öfter als Paar auftreten, Zeit zu zweit einplanen und gemeinsame Interessen entwickeln.

Die Herbergsfamilie

1. Wir sehen unsere Familie als Zusammenschluss einzelner Individuen mit eigenen Interessen.

2. Wir finden: Auch Erwachsene haben Rechte und sollten manchmal tun, was ihnen Spaß macht.

3. Wir gestehen unseren Kindern ein hohes Maß an Autonomie zu.

4. Wir unternehmen manches gemeinsam, aber jeder auch häufiger etwas für sich allein.

5. Unsere Kinder dürfen viel, dafür erwarten wir aber auch viel Mithilfe.

6. Wir versuchen, auf die Interessen und Entscheidungen der Kinder möglichst wenig Einfluss auszuüben.

Die Grundstruktur: Eltern schaffen einen Raum, in dem Kinder und Erwachsene leben und ihre

Grundbedürfnisse abdecken können, so wie in einer Herberge. Ansonsten darf jeder seinen eigenen Interessen nachgehen. **Die Vorteile:** Ein Maximum an Freiheit, ein Minimum an Bindung. Das ist optimal, wenn die Kinder flügge werden und eigene Wege gehen. „In dieser Familie kann jeder seine Lebensvorstellungen verwirklichen", sagt der Experte. Ein demokratisches Konzept, weshalb Pubertätskämpfe oft ausbleiben.

Hier müssen Sie aufpassen: Der Wunsch, möglichst viel für sich selbst zu tun, geht in der Regel von den Eltern aus. Gerade kleine Kinder und ihre Interessen „können dabei zu kurz kommen", sagt Psychologe Dorn.

Ihnen fehlt die Nestwärme, die Kinder bis in die Grundschulzeit hinein brauchen.

In solchen Familien gibt es häufiger Streit darüber, wer die Kinder betreut. Und vor lauter Eigeninteressen übersehen Eltern manchmal, wenn in der Entwicklung ihrer Kinder etwas schief läuft.

„Dieser Familientyp", so Dorn, „sollte darauf achten, auch in der Gruppe Gemeinsamkeiten zu schaffen, zum Beispiel regelmäßig zusammen zu essen oder etwas gemeinsam zu unternehmen. Und Eltern müssen aufmerksam sein, wenn Kinder den Wunsch nach mehr Nähe äußern."

10/2003 ELTERN for family

2   Zusammenleben – Überleben
(Auszug aus Kathryn Lamb: Wie überlebe ich meine Familie?)

Eva ist fast fünfzehn und kommt aus einer Bilderbuchfamilie. Sie
hat zwei Eltern namens Herr und Frau Engel (wer hätte das gedacht?). Herr Engel ist Bankier. Er versteht eine Menge von Finan-
zen. Nur wo seine Kohle neuerdings bleibt, seit er eine Tochter im
Teenageralter hat, ist ihm nicht so ganz klar. Frau Engel ist Haus-
frau. Sie ist also zu Hause, kocht und backt köstliche Torten. Außerdem arbeitet sie für ein paar Wohltätigkeitsorganisationen,
zum Beispiel „Kuchen-auf-Rädern". Eine kleine Schwester hat Eva
auch; sie heißt Tina und ist elf Jahre alt. Tinas Lebensinhalt besteht
hauptsächlich darin, im Zimmer ihrer älteren Schwester herumzu-
hängen, ihre Schminksachen auszuprobieren, in ihrem Tagebuch
zu lesen und sich Klamotten von ihr auszuborgen.
Und dann gibt es noch Plato, den Hund der Engels.

Gemeinsame Mahlzeiten
Die Krise
Frau Engel hat den ganzen Tag eifrig in der Küche herumgewerkelt
und siebzehn phantastische Buttercremetorten gebacken. Jetzt ra-
ckert sie sich mit dem Abendessen für die Familie ab, das bereits
auf dem Herd dampft und brutzelt. Sie hat sich die allergrößte
Mühe gegeben und eine Menge köstlicher Zutaten verarbeitet
(unter anderem acht Knoblauchzehen, einen Liter Rotwein, zwölf
Schalotten, zwei rote Paprikaschoten und zehn gebratene Entenflü-
gel). Aus Küchentür und Fenster strömen Dampfwolken, und während sie noch einmal umrührt und abschmeckt, tropft Frau Engel
der Schweiß von der Nase in die riesige Kasserolle. Dann ruft sie die
Familie zu Tisch und hofft, dass alle einen Bärenhunger haben.
Die falsche Strategie: Eva stürmt durch die Dampfschwaden in die
Küche. „Ach, Mama", sagt sie, „ich kann nichts mehr essen. Ich hab
unterwegs im Bus schon drei Mars und eine Tüte Kartoffelchips
verdrückt, und jetzt ist mir ganz schlecht. Übrigens, kannst du mir
deinen weißen Angorapulli leihen, du weißt schon, den schönen

flauschigen – wir führen in der Schule ein Theaterstück auf, und ich spiele die Hauptrolle." Als Nächstes taucht Tina auf. „Hallo, Mama", sagt sie, „ich kann unmöglich mitessen. Ich probiere gerade diese Superdiät aus, bei der man nur Salat und Schokolade essen darf. Die bringt's echt. Ach ja, und ich brauch Geld, um mir ein neues Top zu kaufen. Das von dir find ich nicht mehr."

Tja, was soll man dazu sagen? Man müsste beide sofort bei der GVGM melden (Gesellschaft für die Vermeidung von Grausamkeit gegen Mütter). Es besteht sowieso keine Aussicht darauf, dass sie auf diese Tour bekommen, was sie wollen.

Die richtige Strategie: Diesmal kommt Eva in die Küche und schnuppert genüsslich. „Mmm, riecht das lecker!", ruft sie. „Das sieht ja köstlich aus! Hab ich einen Hunger!"

Selbst wenn kein Wort davon wahr ist (vor allem das „Mmm!"), so entsteht doch wenigstens eine entspannte Atmosphäre. Da reicht es, wenn Eva nur ein Anstandshäppchen mitisst – den Rest kann sie dann mühelos nach dem Essen entsorgen, wenn die Familie vor der Glotze hockt. Ihre Mutter wird ihr bestimmt den flauschigen Angorapulli leihen (den Eva am Abend anziehen will; sie ist näm- lich mit Karl verabredet und möchte einen möglichst knuddeligen Eindruck auf ihn machen).

Tina könnte dem Beispiel ihrer großen Schwester folgen, ihre Diät vergessen und stattdessen etwas Nettes über das Abendessen sagen. Dann bekommt sie vielleicht auch ihr neues Top oder Geld für den Friseur.

Manchmal wundert Frau Engel sich darüber, warum ihr Hund Plato so fett ist. Das hat einen ganz einfachen Grund. Herr Engel füttert ihn nämlich dauernd heimlich unter dem Tisch und auch die Mäd- chen werfen ihm immer wieder kleine Leckerbissen zu. Vielleicht solltet ihr ab und zu mal selbst für eure Familie kochen, dann wer- det ihr merken, wie verletzend es ist, wenn die ganze Familie sich weigert zu essen, was ihr so mühevoll zubereitet habt. Das wäre dann wahrscheinlich das letzte Mal, dass ihr für sie gekocht habt, stimmt's?

Inhalt

Zum Weiterlesen

Katarina von Bredow: Kratzspuren. Verlag Beltz & Gelberg, Weinheim 2001.

Elfie Donnelly: Tine durch zwei geht nicht. Ernst Klett Schulbuchverlag, Stuttgart 1987.

Anne Fine: Familienspiel. Diogenes Verlag, Zürich 1999.

Peter Härtling: Lena auf dem Dach. Verlag Beltz & Gelberg, Weinheim 1993.

Annika Holm: Eine neue Familie für Marie. Deutscher Taschenbuch Verlag, München 2003.

Sabine Ludwig: Mops und Molly Mendelssohn. Cecilie Dressler Verlag, Hamburg 2000.

Ulla Lundqvist: Chaos auf Probe. Deutscher Taschenbuch Verlag, München 2002.

Ulla Lundqvist: Chaos für Fortgeschrittene. Deutscher Taschenbuch Verlag, München 2003.

Mirjam Pressler: Wenn das Glück kommt, muss man ihm einen Stuhl hinstellen. Verlag Beltz & Gelberg, Weinheim, 1994.
(Ausgezeichnet mit dem Deutschen Jugendliteraturpreis 1995)

Andreas Steinhöfel: Paul Vier und die Schröders. Deutscher Taschenbuch Verlag, München 1995.

Übrigens: Die Autorin Krimi Buhl steht gerne für Lesungen zur Verfügung.
Bei Interesse wenden Sie sich bitte an den

Bundesverband Friedrich Bödecker Kreis e.V.
Autoren lesen vor Schülern
Geschäftsführer: Herr Udo von Alten
Künstlerhaus/Sophienstraße 2
30159 Hannover

Tel.: 0511/98 05 823
Fax: 0511/80 92 119

Textquellenverzeichnis

S. 90: Achim Bröger: Meyers großes Kinderlexikon. Bibliographisches Institut, Mannheim 1999, S. 75.

S. 92: „Vater und Mutter wollen sie haben, unsere Kinder!" Aus: Erich Kästner: Das doppelte Lottchen. Cecilie Dressler Verlag, Berlin 1975 (erstmals erschienen 1970), S. 150–155.

S. 95: „Habt ihr etwas von ihm gehört?" Aus: Marjaleena Lembcke: In Afrika war er nie. Verlag Nagel & Kimche, München, Wien 2003, S. 13–16.

S. 98: „Andere" Familien – Kinder berichten. Aus: Annette Bopp; Sigrid Nolte Schefold: Stiefkinder – Rabeneltern. Rabenkinder – Stiefeltern. Leben in einer Patchworkfamilie. Rowohlt Taschenbuch Verlag, Reinbek bei Hamburg 1999, S. 26 ff., S. 86 ff.

S. 100: „Meine Mutter sagt, dass es früher auch ein paar Normale Papas gab." Aus: Guus Kuijer: Wir alle für immer zusammen. Oetinger Verlag, Hamburg 2001, S. 20–26.

S. 103: Welcher Familientyp sind wir? – Ein Familientest. Kuschelclan oder Basiscamp? Nach welchen Regeln spielt Ihre Familie? Aus: ELTERN for familiy 10/2003

S. 108: Zusammenleben – Überleben. Aus: Kathryn Lamb: Wie überlebe ich meine Familie? Rowohlt Verlag, Reinbek b. Hamburg 2001, S. 11 ff.

Bildquellenverzeichnis

S. 86: Familienbilder. © Slim Labidi (Pseudonym SLim Sfax), Lyon.

S. 87: Familienbilder. © Herman Krieger, USA.

S. 88: Familienbilder. © Uwe Ommer, Paris.

S. 89: Familienbilder. © Uwe Ommer, Paris.

S. 91: ZAHLENBILDER. Erich Schmidt Verlag, Berlin 2003.